新时代社会工作与创新社会治理丛书

社会工作督导：选拔、培养、使用、激励

——本土化探索的地方性实践

上海市浦东新区社会工作协会 组编
王瑞鸿 主编

·上海·

图书在版编目(CIP)数据

社会工作督导：选拔、培养、使用、激励：本土化探索的地方性实践/上海市浦东新区社会工作协会组编；王瑞鸿主编. —上海：华东理工大学出版社，2019.12
(新时代社会工作与创新社会治理丛书)
ISBN 978-7-5628-6071-6

Ⅰ. ①社… Ⅱ. ①上…②王… Ⅲ. ①社会工作—监督—研究 Ⅳ. ①C916

中国版本图书馆 CIP 数据核字(2019)第 232102 号

策划编辑 / 刘　军
责任编辑 / 章斯纯
装帧设计 / 徐　蓉
出版发行 / 华东理工大学出版社有限公司
地址：上海市梅陇路 130 号，200237
电话：021-64250306
网址：www.ecustpress.cn
邮箱：zongbianban@ecustpress.cn
印　　刷 / 江苏凤凰数码印务有限公司
开　　本 / 710mm×1000mm　1/16
印　　张 / 15.5
字　　数 / 212 千字
版　　次 / 2019 年 12 月第 1 版
印　　次 / 2019 年 12 月第 1 次
定　　价 / 98.00 元

本书编委

（按照姓氏拼音排列）

杜　瑾　段慧霞　顾敏燕　国云丹
胡如意　梁　玉　钱绮莲　钱　燕
王旭光　王　艳　徐　红　朱眉华

序　言

随着社会工作进入快速发展时期，社会工作人才培养、社会服务的品质保障等工作也日益成为聚焦的发展重点。

上海市浦东新区作为本土社会工作发展的先行者，早在20世纪90年代便引入了一批专业社会工作人才，开始了社会工作专业化与本土化的实践探索。随着中共十六届六中全会提出建立宏大的社会工作人才队伍，以及《国家中长期人才发展规划纲要（2010—2020）》《社会工作专业人才队伍建设中长期规划（2011—2020年）》等政策的相继出台，浦东社会工作人才队伍已初具规模。与此同时，为了进一步提升社工人才队伍的综合素养，推进社会工作实践专业水准攀升新台阶，上海市浦东新区社会工作协会（简称“浦东社工协会”）于2011年以督导培训班的形式培养优质的社会工作督导人才队伍，以求推动社会工作督导制度的发展，构建完善的督导培养模式。

浦东新区区委、区政府高度关注社会工作督导人才队伍建设，2015年4月，联合印发了《浦东新区关于社会工作督导人才队伍建设实施意见》（浦府办〔2015〕15号），建立了浦东本土社工督导人才队伍建设的制度规范和相应的保障体系，涉及社工督导队伍的后续管理、指导、评估、继续教育以及淘汰机制等方面，从政策层面为社会工作督导人才队伍建设提供了强有力的支持和保障。

据此，浦东社工协会受浦东新区民政局委托，承接了“浦东新区社工督导人才管理考核和继续教育项目”，目前已从新区范围内的社会组织中选拔了多批社工督导，并且有针对性地开展培训、考核、激励等工作。这些社工督导活跃在社区、医院、学校、儿童与家庭服务、为老服务、社会救助、优抚工作、社区矫正、社区戒毒康复等实务领域，指导着在一线服务的社会工作者开展各种社会工作服务项目，成为浦东新区社会工作人才队伍中的骨干力量。

本书凝结着多年来社会工作督导人才培养的实践探索和经验提炼，由华东理工大学社会工作系王瑞鸿副教授领衔的团队合力而作。希望这些实践经验的分享能给全国各地的同行带来启发，在推进社会工作迅猛发展的同时，更加关注高层次专业督导人才的培养，这不仅能为社会组织注入更强的脉动，而且可为提升社会服务水平奠定扎实的基础。社会工作是涉及千家万户福祉的事业，人才素养与服务品质紧密相关。希望本书不仅仅是关于如何培养督导的教练手册，更成为引领高素质领军人才培养的新风标。在我们共同的努力下，我们希望社会工作更加深入大众，为建设更加美好的社会做出应有的贡献！

上海市浦东新区社会工作协会会长
华东理工大学社会工作系系主任
朱眉华

目　录

第一章　社会工作督导：理论与现实的反思

请问：为什么要开展社会工作督导？

社会工作是一种专业的助人活动，因为专业，所以，具有一定的准入门槛。在当今中国，社会工作发展非常迅猛，社会大众对于社会工作的服务需求日益增长。如何在更短的时间内更好地为更多的案主提供更加专业的服务，从而满足案主日益多元、日益复杂的需求就成为一个焦点，对这个问题的解决催生了督导的问世。

督导是社会工作的一种间接服务方法，主要致力于帮助社工以及机构等相关人员和组织提高专业的服务意识和服务能力，其功能主要包括专业教育功能、行政管理功能以及情感支持功能等。实践证明，引入督导一方面可以提升社工人才队伍的建设，另一方面可以促进机构的专业化建设。此外，督导的引入还可以加强作为购买方的政府与社会组织以及社工之间的良好沟通。督导事实上已经成为加快社会工作专业化发展的重要催化剂。

华东理工大学社会工作系　王瑞鸿

社会工作常常被视为一种助人的专业，换言之，相对于其他基于主观经验或朴素道德的助人行为来说，社会工作的重要特征是其专业性。也正因为如此，从事社会工作的基本上都是专业人员，这意味着专业本身的彼此传承尤为重要。在一百多年的发展过程中，督导正是社会工作专业逐步发展而来的一种专业传播与继承的非常有效的服务方法。

第一节　社会工作督导的认知：缘起与重构

正如我们所知，社会工作的专业服务方法主要包括两大类：第一类是直接服务方法，具体包括个案社会工作、小组社会工作以及社区社会工作等；第二类是间接服务方法，主要包括社会工作行政、社会工作研究以及社会工作咨询等。社会工作督导常常被视为社会工作行政的一个组成部分。目前看来，督导本身的内容、形式、意义等发展非常快，越来越呈现出一些非常独有的特征。也正因为如此，社会工作督导逐渐被单列出来。

国际意义上的督导源于 19 世纪的慈善组织会社运动，督导的产生也是基于科学慈善的冲动。督导的主要职责是："对交托给志愿访问员的个案进行调研和准备工作，并就志愿访问员的工作提出建议和提供帮助。"①我国的社会工作一开始更加注重的是直接的个案为本的服务，近几年逐步开始发展以管理为主的社会工作行政。改革开放以来，当代中国社会的转

① ［美］阿尔弗雷多・卡杜山、丹尼尔・哈克尼斯：《社会工作督导（第四版）》，郭名倞等译，中国人民大学出版社 2008 年版，第 3 页。

型引发了复杂的社会问题，这些社会问题需要大量的社会工作人员和机构介入。与此形成鲜明对照的是，社会工作教育发展相对滞后。同时，当下社会问题的复杂性、多样性以及紧迫性呼唤更多专业的社会工作服务人员和组织，社会工作教育界和实务界形成了泾渭分明的割裂乃至倒逼态势。要改变这种专业发展不均衡的格局，就需要更加短平快的专业对接和转换。

社会工作督导的兴起除了宏观意义上的社会转型与专业意义上的社会工作两者之间的不均衡之外，还涉及更多原因，其中非常值得关注的一个原因在于，中国目前的社会工作主要基于项目化运作，而项目制的运行则主要建立在政府购买服务的基础之上。作为出资方，政府一方面受到了越来越严格的财政管理制度的规范，复杂的项目管理需要更多专业的人员来承接和转换。另一方面，竞标的机制被引入，这进一步对团队和组织机构的专业度提出了要求。近十年来，由于社会的需求以及政府的政策鼓励，大量的社会组织和社工机构陆续成立，这加大了社会组织包括社工机构之间的竞争压力，逼迫着社会组织和社工机构不断提升内部的专业竞争力。因此，督导一方面成为政府推动社会工作发展的外在推手，另一方面也成为社会组织以及社工机构内在自我完善和提升的自觉行为。

除了这些外在动因，社会工作督导的兴起还有一个更重要的原因，即社会工作专业本身的内在动因。督导本质上并不是社会工作专业所独有的，它是一种古老的师傅带徒弟的传承方法演化的结果，很多学科和职业都有督导的存在，只不过社会工作相对而言更加强调助人的专业性。因此，督导更多地被开发成一种专业方法，并且成为一种社会工作专业训练和传承的重要方法。正因为如此，督导一方面是社会工作内部专业训练和传承的主要方法；另一方面，督导也是社会工作的间接方法。相应地，在社会工作业界，最先被关注的是面对案主的直接服务方法，尤其是个案社会工作，而督导则是后来逐渐产生的，社会工作专业的创始人玛丽·埃伦·里士满(Mary Ellen Richmond)在她的《社会诊断》一书中，几乎没有提到社会工作督导这个概念。但是，近几年督导本身逐渐成了一个独立的社会工作服务内容，甚至在很多地方，在政府购买的服务中会把督导单列成社会工作招投标项目，这一方面展现了督导的产生过程，另一方面也体现了非常富有中国特色的对社会工作督导的理解。

社会工作督导存在着许多因时因地而异的定义。阿尔弗雷多·卡杜山(Alfred Kadushin)认为："社会工作督导员一词指的是机构中的行政人员，该行政管理人员有权对他(她)所主管的受督导者的工作进行指导、协调、提高和评估。"①在这个定义中，督导被认定为一种行政工作。但是，简·旺纳科特(Jane Wonnacott)认为："督导者的角色同时嵌入管理系统和专业实践系统中，督导既是两个系统内的重要因素，也是两者之间的基本联系。"②这应该是相对比较有代表性的两种观点。在实践中，也有社工不愿意从事督导工作，因为督导不"专业"，只是"行政"。

总体而言，督导应该被看作一种专业，毕竟社会工作业内的共识是，社会工作督导是社会工作行政的重要组成部分，也被视为社会工作间接服务方法的一种。事实上，社会工作督导不仅仅是一种专业，更应该是一种高级专业，因为督导延伸了一种重要功能，即教育，也就是立足于专业的传承。而且，更重要的是，督导还延伸了第二种功能，即支持。对于那些面临情感困扰尤其是职业耗竭的一线社工而言，督导的支持功能是非常重要的一种专业处置方法。特别需要注意的是，社会工作督导还延伸了第三种功能，即行政。从目前的一线社会工作机构发展来看，很多机构遇到的挑战和瓶颈并不是所谓的服务方法等专业问题，而是机构本身的管理问题，尤其是对于短时间内迅速壮大起来的数百人规模的社工机构来说，管理构成了机构生存和发展的关键所在。在对高校教师创办的机构进行访谈的过程中，很多人想当然地认为，高校教师占据了社会

① [美]阿尔弗雷多·卡杜山、丹尼尔·哈克尼斯：《社会工作督导(第四版)》，郭名倞等译，中国人民大学出版社 2008 年版，第 19 页。

② [英]Jane Wonnacott：《社会工作督导》，赵环、魏雯倩等译，华东理工大学出版社 2015 年版，第 11 页。

工作的专业高地，所以，高校教师创办的社工机构一定是非常红火的。然而，事实并非完全如此，反倒是高校教师创办的许多社工机构都曾遭遇过致命的困境，这种困境的产生不是因为专业短缺，而是管理混乱。更直接地说，临床服务的个案、小组等技能并不能替代社会工作管理。这也从另一个侧面提醒我们，督导本质上隶属于社会工作专业，尽管它具有行政的功能。

社会工作督导的具体方法主要包括个别督导、团体督导等，而这两种督导方法其实就是个案和小组这两种最基本的社会工作直接服务方法在督导领域中的实际应用。

综上所述，我们认为社会工作督导应该被看作社会工作专业训练的一种方法，它是由资深的社会工作者对机构内新进入的工作人员、一线初级工作人员、实习学生及志愿者，通过一种定期和持续的督导程序，传授专业服务的知识与技术，以增进其专业技巧，进而促进他们成长并确保服务质量的活动。社会工作督导同时涉及个人的工作成效管理以及机构的组织管理等多重内容。社会工作督导与个案工作、小组工作、社区工作等共同构成了社会工作专业服务方法体系。

在传统教科书中，督导更多被理解为一种方法，但在时下社会工作推进过程中，督导被人为附加了许多新的元素，最经典的一种理解就是被固化为一种岗位、地位以及身份。某些地方甚至将督导作为社会工作者的一种专业职级固定下来。

在社会工作的专业范畴和传统中，督导往往被视为一种方法、一种关系、一个过程，督导只是流动的角色，不是固化的身份。这类似于国内对于博士生导师这个概念的理解。只要存在专业知识的阶差，就有产生督导的可能。每个人都可能找到自己相对比较专长的知识点，从而成为某种意义上的督导。也正因为如此，督导本质上不应该被简单固化为一种身份，特别是夹带了经济回报的身份。

第二节 社会工作督导中的关系：督导者以及被督导者

按照旺纳科特的看法，“关系是社会工作督导的核心”①。这个判断非常有道理。但是，旺纳科特进一步说：“社会工作督导本质上是两个人之间的关系，其最终目的是改善社会工作的实践品质和服务成效。”②这句话则需要斟酌。

很显然，旺纳科特对于督导的理解更多还是基于将其作为一种方法和技术的观点。即便如此，也还存在许多例外情形。比如，除了个别督导之外，小组督导往往也是比较常用的一种形式，在小组督导中，不是两个人之间的关系，而可能是一个人和多个人之间的关系。

从我国目前的督导实践来看，社会工作学科的基本假设——“人在环境中”——非常适合用来理解当下的督导现状。总体而言，中国的社会工作在近十年间的发展非常迅猛，无论是教育界还是实务界都获得了爆发性成长，推动其发展的原因除了中国社会转型的切实需要，以及社会工作界内在的发展驱动力之外，还有政府本身这只“看得见的手”的强力推动。

政府的存在始终是理解社会工作督导的重要参考背景。十多年前，社会工作特别是实务工作刚开始推进时，社会工作本身被赋予了更多超越专业的政治性光环。因此，社会工作职业的推进已经不再仅仅属于社会工作业内之事，而是属于党和政府的一项重要任务。与此同时，党和政府对于社会工作本身的推动和发展尤其关注。近几年，随着社会工作服务逐步被纳入政府购买服务范畴，社会工作服务又多了一层经济光环，也正因为如此，

① [英] Jane Wonnacott：《社会工作督导》，赵环、魏雯倩等译，华东理工大学出版社 2015 年版，第 3 页。

② [英] Jane Wonnacott：《社会工作督导》，赵环、魏雯倩等译，华东理工大学出版社 2015 年版，第 4 页。

督导者的队伍中非社会工作专业的人员越来越庞杂。

如果借用社会工作自创的主流理论即生态系统理论来看的话，督导本身就是置身在政府、市场、社会等诸多因素构成的生态系统之中的，因而这些因素之间的关系的确已经远远超越了传统教科书中所描述的单项点对点同质性关系，而是进入了多元点对面异质性关系丛。

在传统教科书中，督导更多地被限制在专业服务领域中，所以，重要的督导对象可以分为普通社工、新进社工、实习生、志愿者等。当代社会工作实践大大拓宽了社会工作的督导空间，相应地，督导的服务对象的范围也得到了进一步扩大，政府官员越来越多地被列入其中。在大部分情形下，政府作为购买方的角色出现，因此，政府官员有时甚至会作为社会工作的指导者出现。但是，从上海市的总体实践经验来看，政社合作成为一种成功模式，这决定了社会工作首先是作为一个相对独立的专业权威而出现的。政社合作本身也构成了一个社会工作专业宣传推广的过程，督导的成分因此更多会被镶嵌于其中。此外，在社会工作项目的具体执行过程中，公务员中的具体办事员更多参与到了社会工作服务项目的整体推进和管理之中。所以，当下社会工作督导中出现了非常有意思的两种看似矛盾的情形：一方面政府官员对于社会工作专业干涉较多，但另一方面政府官员越来越多地开始接受关于社会工作的专业督导。这的确在一定程度上拓宽了督导服务对象的范围，丰富了督导的工作意义，强化了督导的工作成效。

在社会工作专业中，社会倡导尤其是政策的变革是非常重要的努力目标。但是，社会倡导因为目标本身的宏观性，往往被误认为充满了激进色彩，大部分社会工作专业训练中的这部分内容常常有意无意被弱化甚至忽略。督导中政府官员的介入反倒从另一个侧面呼应了社会工作倡导的另一种可能。也正因为如此，教育或者影响官员逐步构成了当下社会工作督导的一个非常有意思的组成内容，也是非常具有本土色彩的实践尝试。

政府官员的介入必然会导致督导中的关系发生改变。政府系统先天带有行政权力，督导系统中的专业权力与行政权力之间就构成了一种非常耐人寻味的交互关系。在理想情形下，应该是专业的归专业，行政的归行政；更进一步来说，进入专业领域的行政应该尊重并听从专业的声音。

马丁·布伯曾经创造了“我—你”和“我—他”两个名词来指代两种不同的存在关系。由于督导中的对象主要包括社工、志愿者、官员等三类，我们也可以尝试着将这三者之间的关系分别概括为“我—我”关系、“我—你”关系、“我—他”关系。这三种关系没有高低之分，也没有差序之别，主要是基于专业的距离进行区分。

“我—我”关系更多指的是社会工作专业内部共同体人员之间的关系链接。社会工作相对比较成熟的地区在开展督导服务时，主要是在资深社工与新进社工之间开展专业督导服务。我国的社会工作实务相对来说发展比较迟缓，专业的资源更多掌握在高等院校教师等教育界专家手中，因此，高校专家往往成为相对更加具有话语权的督导人员。这样，所谓“我—我”关系往往会变成“专家—资深社工—新进社工”这样一个逐次递减的序列。按照我国根深蒂固的差序格局，高校专家无论身份还是地位都要优于一线社工，因此，“我—我”关系中的督导事实上是在不平衡的专业层级中展开的。近几年，随着社会工作实务经验的积累，实务界的资深社工的专业能力越来越强，对于高校专家的理论建构提出了越来越多的建议，一些社工机构则逐步开始独立进行机构内部的以同工督导为主的机构自我专业发展，这在一定程度上引发了专家和社工之间关于督导的专业权力的重新切分。

“我—他”关系相对来讲比较复杂。最近几年，在推动社会工作发展的过程中，专业之外的推动力量也在不断发展变化。2003 年，上海市在发展社会工作时提出的指引方针是“政府主导推动，社团自主运行，社会广泛参与”。随着党的十九大的召开，社会工作被赋予了更多现实使命，社会工作本身的政治地位被逐渐提升。一个不容忽视的变化是，党的领导开始指引社会工作发展，“党委领导，政府负责，社会协同，公众参与”开始成为国家意志，社会工作被纳入了更加宏大的结构网络体系之中。多元共治的社会治理思想当然是科学的，社会工作要在这样宏大的结构中充分发挥自身的专业优势，需要各界有识之士共同关注。在谈到“社工”这个概念时，有些地方有意无意地将“社区工作者”纳入甚至等同于“社会工作者”，这一现象也值得社会工作界尤其是学界专家深思。

相对于“我—我”关系的情感性以及“我—他”关系的政治性，“我—你”关系更多代表了一种专业性的独立取向。在有些社会工作相对比较发达的地区，社工可以单独成立自雇式的个人工作室或工作团队，专门向有需求的组织或项目提供独立督导。未来社会工作督导的发展理想范式应该是越来越多地摆脱传统的情感化以及过渡时期的行政化，督导更多作为一种专业服务而不是专业职称或职位出现。

正因为督导关系具有复杂性，所以，开展日常督导工作时，除了知识和技术层面的传输之外，更关键的是关系处理的原则把握。在这里，比较有意义的建议是恪守社会工作专业伦理。越来越多的社会工作实务表明，价值与伦理才是社会工作终极的保障。

西方国家和地区的社会工作在理论探索与实践中，逐渐积累了许多成熟的价值原则和伦理信条。结合当下社会工作，更多基于我国传统文化以及当下社会工作具体发展情形而产生的价值与伦理，可能更有助于我们处理好督导中的关系丛。

首先要考虑的督导价值与伦理原则应该是忠于谁的抉择。因为督导体系可能会涉及政府官员、一线社工、志愿人员等，所以，督导首先面临的选择是应该服务于政府，服务于专家，服务于专业发展，还是服务于弱势族群等。这些选项未必相互冲突，但可能在一定程度上或特定情境下存在优先次序上的冲突，不同的排序可能会导致督导中关系处理结果的差异。在理想情况下，基于社会工作专业要求的优先次序排列应该是弱势社群最优，专业发展其次，政府为后。但是，因为购买服务的权力主要掌握在政府手里，所以，在很多情形下，督导多重关系中的优先次序排列可能会受到影响，弱势社群是容易被忽视的，由此产生的督导成果，尤其是关于社会工作的专业运作不可避免地会受到削弱。

与忠于谁相对应的另一个价值与伦理则是社会公正和个人权利，这是社会工作最基本的价值与伦理，所有社会工作的专业努力都是为了推动社会的公平正义，保障个体成员的权利与尊严。真正意义上的社会工作应该是价值为本和权利为本的专业，而不应该仅仅是技术为本或实证为本。社会工作的专业目标是为了大写的人。时下的某些社会工作督导过程过于追逐数据和资料，忽视了案主作为人的存在，应该说是一个非常严重的偏差和异化。在社工界讨论性骚扰的案例中，曾经出现过几例一线社工被骚扰乃至被性侵的案例，但遗憾的是，相关督导往往建议受害社工隐忍，从而保全机构利益。这种督导结果的产生很显然并不是一个单纯督导知识的问题，而是一个督导价值和督导伦理的问题。

督导关系处理中还有一个非常重要的价值与伦理原则需要遵守——平等。社会工作最首要的原则和目标是平等，之所以在督导中把平等专门提出来，一方面是因为平等本身对于社会工作专业的重要意义，另一方面在于督导处理的是人与人之间的关系，这种人际关系侧重于专业知识拥有量之间的差异，知识拥有的相对不均衡本身就构成了对平等的一种内在挑战。作为专业督导人员，如何才能在现实督导工作中更好地保持这种平等，一方面需要具备强烈的专业独立意识，另一方面也需要拥有丰富的专业知识储备。

与平等密切相关的另一个价值与伦理是真诚。目前社会工作发展迅猛，社会工作机构不断涌现，督导人员的数量相对来说供不应求。一般而言，督导的基本资质应该是首先具有丰富的实务经验，其次经过专门的督导训练。然而，目前督导队伍的发展采用了赶超的方式来填补空白，许多开展督导工作的人员并没有接受过系统的社会工作专业训练，有的机构更是基于赚钱的目的不愿意做一线实务，而是将督导作为一种营利的工具。因此，有些所谓的督导名不副实，根本不足以解决问题，这是比较大的诚信问题。

督导还涉及的一个价值与伦理是保密。目前社会工作督导的开展主要有两种方式：一是个体化的一对一方式；二是项目化的机构对机构方式。个体化的一对一的督导往往涉及知识、行政、情感等多个方面，包括社工个人的私密情绪以及社工对案主、同事和领导的看法，这些个人信息的暴露应该更多受到督导条例的限制，局限在督导专业工作范畴之中，除涉及生命安全以及国家法律的特殊情形外不能够过度扩散。更加值得注意的是另一种情形，即机构对机构的督导。目前，很多地方因为需要推动社会组织和社工机构的发展，督导被开发成了一个个独立的项目。因此，有些机构就成了专门进行督导的机构，很多一线实务性机构就成了被督导的对象。被督导机构面对督导机构涉及一个敏感的问题——被督导机构的专业资源究竟应该开放到何种程度？这个边界在实际工作中不一定能很好把握，也不容易清晰把握。这对督导者以及督导机构提出了很高的要求，例如完全基于督导需要来浏览被督导机构的材料，严格保密被督导方的专业秘密尤其是知识产权等。

第三节　督导社会工作中的文化敏感：批判的反思

表面看来，社会工作督导是基于知识不均衡分布而展开的专业传输过程，但实际上，督导的本质应该是人与人之间基于信任而展开的流动性对话。督导一方面包含了服务的内容，另一方面也包含了管理的内容；督导的内容既涵盖了知识的传播，同时也涉及了情绪的支持等。督导的对象既可能是同质性群体，更有可能是异质性群体。督导的过程既需要理论与技能的支持，同时又需要价值与伦理的引导。实务界里有些人认为督导不是社会工作专业，只有个案、小组、社区等工作才是真正的社会工作，其实大谬不然。督导是社会工作间接服务方法之一，这已经是学界的共识，而且因为督导是人与人之间的情境性互动，进一步叠加了性别、年龄、阶层、收入、权力、地域、户籍、人情、面子等多重关系，这使得现实之中的督导关系更加丰富、更加复杂。成就一个好的督导不仅需要一身的专业技能，更需要一颗富有人性关怀的心，一种反思的意识，一套批判的思维。

性别关系是所有督导需要处理的诸多关系中最基本的一种，从目前已有的相关文献和实际调查数据中不难发现，在社会工作领域的实际从业者中，大部分是女性。但进一步的深入研究发现，社会工作机构中的高级职位尤其是机构领导层却出现了相当严重的性别比例倒挂：绝大部分男性占据了社工机构的领导岗位，包括机构创办人以及项目实际负责人。从与社工机构直接打交道的政府购买方来看，政府官员中负责人的性别比例同样出现了倒挂现象。就此而言，一种非常值得注意的性别平等问题就产生了。

按照当前通行的性别平等视角，一个行业中实际从业人员的比例应该和该行业中领导权力的性别分布形成正相关关系，这意味着女性应该在社会工作机构乃至负责购买社会工作服务项目的政府部门中占据更大的比例，这是性别平等乃至性别文明的基本要求。但是，至少就当前而言，社会工作领域的性别比例并没有形成真正令人满意的实质性平等。

问题的关键是，为什么社会工作行业会有超过半数乃至更多的女性从业者？在实际督导过程中，性别的敏感是一个非常重要的话题，也是督导的一个非常有意味的切入议题。很多接受督导的社工提供的答案是：社会工作比较适合女性。我们进一步发问：为什么比较适合女性？常见的答案则是：男性需要赚钱养家。

看似答非所问的答案其实正好是当下现实的反映。如果从更大范围的职业划分来看，社会工作机构早几年被定性为民办非企，这个读起来比较拗口的新造词翻译出来的字面意思就是：社会工作机构一方面不属于政府序列，另一方面不属于企业序列。潜台词就是，社会工作行业不重要，是支持性行业，是补充性行业，是剩余性行业。这样一个行业比较适合女性。

这样一种逻辑对具体从业的社工来说，不管是男性还是女性，都是一种潜在的但却是非常严重的伤害，这种扭曲的职业关系在社会工作行业最具体的表现就是实际工作的投入度不足以及整个行业的从业者流失率过高。

在实际督导过程中，经常听到女性社工的自我调侃："在我们这个行业，女性当男性用，男性当牲口用。”这一方面表明了社会工作行业劳动强度比较大，另一方面也揭示了性别失衡引发的负面连锁反应。性别隔离是有悖于现代文明的一种现象，但是，目前的社会工作领域的确出现了性别的自我隔离。任何一个行业和学科如果只有或者主要是由单一性别组成的，那就意味着这个行业或学科至少还没有获得现代意义上的社会认同；同时，这也意味着这个行业和学科还没有真正完成现代意义上的职业化和学科化。就此而言，社会工作作为一个职业和学科还有很长的道路要走，不管是职业化还是专业化，性别的平等和融合是最基本的判断标准之一。

社会工作这个行业被诟病比较多的表面原因是职业回报率太低，但职业本身的专业形象比较模糊才是更加重要的本质原因。具体到督导领域中，更多女性社工比较偏好临床型服务，个案、小组工作相对更加受女性的欢迎，督导本身除了不被视为专业方法之外，另一种原因则是督导要求的思维方式更加宏观，更加“男性化”。目前，督导在许多地方被进一步固定在一个社工序列中，不管是职级还是薪酬都要比一线社工高，督导的性别化构成进一步加剧了社会工作领域中的性别不平等。这种不平等进一步体现在男女社工在薪酬以及权力等方面的实际不平等上。性别不平等如果和金钱尤其是权力不平等结合起来，性别歧视乃至性骚扰就可能成为潜在的危险。

另一种自下而上的社工行业内的性骚扰则更加让人不可思议。在实际督导工作中，我们不止一次听到女性社工在分享时说，案主的某些做法令她很不舒服。仔细追问才知道，被服务的案主是男性，在面对面的近距离服务过程中，男性案主对女性社工逐渐起了歹意，甚至开始动手动脚。社工不知如何应对，甚至担心自己如果反抗会不会伤害案主，影响专业关系。

很多高校课堂中并没有专门的性别平等教育课程，社工也没有接受过专门的性别敏感训练，因此，当女性社工在实际工作中亲身遭遇性别骚扰时，并不知道该如何应对。尤其令人痛惜的是，很多年轻的或是没有婚恋经验的女社工并不能很清晰、坚定地识别她所遭遇的究竟是不是性骚扰，更不知道如何保护自己。

对于督导来说，加强一线社工的性别教育尤为重要。目前，越来越多的社工机构开始注重性别平等教育和性别的敏感训练，特别是对于高校实习生，在加强专业技能督导之外，强化性别的敏感训练尤其必要。从目前已有的报告来看，在针对社区矫正人员、残疾人、老人、临终患者等诸多服务中都出现了由案主引发的性困扰乃至性骚扰，这意味着在社会工作这个高度女性化的职业领域中，加强性别平等和性别安全教育应该是督导的常态化服务内容，也应该是亟须加大投入力度的督导内容。

除了性别这个要素之外，在督导工作的实际开展中还涉及的另一个影响要素是地域。在一定程度上，督导社会工作是一种地方性色彩非常强的专业实践。之所以这样说，首先是因为社会工作的发展很大程度上是基于地方性的社会问题而产生的，不同地方所产生的社会问题存在很大的差异。比如，我国的中西部地区和沿海地区尽管同样处于我国的社会转型大环境之中，但还是存在着巨大的不同。其次，按照社会工作关于“人在环境中”的假设，案主的问题更主要是与本人所处社会环境息息相关，社会工作的服务当然充满了地方性限制。再次，社会工作专业的发展主要是社会化需要的反映，每个地方的社会需求以及社会问题的不同决定了社会工作实务的不同，同样决定了社会工作督导的不同。最后，所有以上社会问题以及社会环境的地方性差异决定了各个地方社会工作开展领域的差异，并且进一步决定了社会工作专业发展先后甚至专业水平的差异。社会工作的基本发展规律是首先发轫于发达国家和地区，之后逐步向后发国家和地区延伸。这种先发与后发造成了社会工作专业内容的地方性差异，进一步导致了社会工作专业水平的地方性差异。

正因为社会工作本身发展中的地区性内容不同和地方性水平差异，地域标签同样成为社会工作督导非常重要的一个影响因素。从我国社会工作的总体发展来看，地理性的差别比较明显，上海和广东等沿海地区的社会工作相对来说起步较早，专业水平相对较高，中西部地区以及北方地区社会工作发展相对滞后，专业水平有所欠缺。当社会工作成为国家治理的战略举措时，社会工作的发展就成了全社会的共同之举。因此，在全国一盘棋的考虑下，为了推动社会工作的全面均衡发展，地方性的社会工作专业转移性督导就成了必然。这些跨地域的社会工作专业督导大概可以分为两大部分，一种是政府的强力推动，另一种则是社会工作机构本身的自觉。

从已有的全国性社会工作专业督导来看，2008 年抗震救灾的举国模式成了时下推动欠发达地区社会工作快速发展的主要路径。一方面，汶川地震的发生大大刺激了全国社会工作的专业发展；另一方面，全国对口援建除了硬件物质救灾之外，还包括社会工作等软性专业扶助。几乎所有援建社会工作前期更多注重一线实务，后期则逐渐转换到通过间接督导来带动受灾地区的社会工作专业发展以及社会工作机构培育。汶川地震十周年回访让我们感受到了都江堰等地社会工作专业的快速发展，尤其是成都等地的社会工作发展已经逐渐找到了一条更具地方特色的发展路径。

汶川地震之后，当青海以及云南发生灾害时，全国一盘棋式的督导提升模式被沿袭采用，同样在短时间内，在一定程度上解决了当地的灾害危机，同时极大地提升了当地社会工作的专业发展以及人员队伍建设。应该说，基于国家意志的大范围、跨地区、以社会重大问题为抓手的社会工作督导服务计划充分彰显了中国特色的社会工作发展特征。

如果说四川、青海、云南以及新疆等地是基于公共危机而开展的应急性社会工作地方性督导的话，那么此后中西部以及北部等更多地方陆续加入社会工作的跨地方性督导则逐渐成为一种常态选择。从实际督导情形来看，广东等地方反应更加快速，更加注重为全国其他地方输出先进性社会工作知识，上海市最初也曾向深圳市输出本地先行的社会工作经验。这种跨地区的专业互补性督导在一定程度上推动了不同地方的快速而且均等化发展。直至今日，国家层面的精准扶贫等战略的实施在一定程度上还是借助于跨地区的社会工作专业督导来实施和推广的，这也的确是具有中国特色的短时间内集中力量办大事的模式。

在跨地方性社会工作督导发展过程中，还有一个地方尤其值得一提，那就是中国香港地区。因为历史等种种原因，中国内地一度中断了社会工作的发展。直到20世纪80年代，社会工作教育才在高校系统陆续重启，而实务界的社会工作大规模探索则要追溯到2003年上海市以社区青少年、社区矫正人员、社区戒毒人员等三大类群体为主的三大社团。上海市三大社团的社会工作发展更多是基于本地高校专家自主的本土督导，也正因为如此，上海市的社会工作发展一开始便走上了更加具有本土气息也更加接近本地需求的发展道路。深圳市的社会工作发展相对而言因为地理上毗邻香港地区，一开始就走上了借助外力的赶超式发展道路。深圳市政府专门投入大量资金，聘请香港的社工专家进行督导，客观上帮助深圳短时间内在社会工作专业建设上取得了长足进步。最近几年，随着深圳社会工作专业本身的逐步成熟，以深圳本地社工为主的同工督导开始形成，深圳的社会工作逐步开始走向更加本土化的自主发展路径。而香港的社工专家则进一步开始北上，越来越多的内地城市开始发展本地社会工作，并且出资延聘香港的社工专家担任督导，期望借此大力推动本地社会工作的发展。在香港督导的聘请和使用等方面，逐渐开始出现了更加多元的形式，原来以地方政府财政资金支持为主的方式逐步让位于个别机构基于自身专业发展的灵活聘请。在许多场合，香港社工的身影越来越频繁地出现，在越来越多的社会工作实务过程中，香港社工的介入也越来越深入和持久。除了接受直接督导之外，内地很多高校教师以及资深社工到香港读书，拿到了香港高等院校的社会工作专业硕士乃至博士学位，这些人进一步投身到内地不同地方的社会工作督导服务中，从而对内地社会工作的专业发展产生了非常深远而又广泛的影响。

中国台湾地区的社工同样参与到了大陆社会工作的督导之中。虽然在参与规模和介入程度等方面不能与香港地区相提并论，但比较起来，台湾地区的社会工作与香港地区的社会工作差异还是非常明显的。相对来说，香港地区的社会工作深受英国影响，台湾地区的社会工作则充满了中国传统文化的特质。香港和台湾两个地区社会工作督导的介入，使得大陆地区社会工作的发展有了不同的视野，可以更好地兼顾国际化和本土化，而大陆地区社会工作的发展也由此焕发出了不同于香港和台湾的另一种气质。

我国社会工作的发展还受到了英、美等西方国家的影响，其中影响最大的国家是美国，尤其是中国社会工作教育协会根据国内地理分布采用片区的方式分别对接美国高校社会工作专业之后，美国的社会工作专业理念经过高校教师传播到一线社会工作实务之中。总体而言，从地域来看，英美传统的社会工作对于我国社会工作的发展产生了非常明显而且具有决定性的影响，这也影响了国内社会工作证据为本的基本取向。重经验、重实证、重技术，这些构成了当下社会工作的主要特征。与英美等国不同的是，德国更加注重价值，注重思辨，注重体验。令人惋惜的是，包括德国、法国等国家在内的欧洲国家的社会工作在我国影响力相对比较弱，这在一定程度上导致了我国社会工作整体图景的不完整，发展方向的单向度化。我国社会工作近几年尤其偏重经验实证，强调技术精进，相对来说对于理论的建构以及价值的思辨弱化了许多，这应该是未来社会工作督导建设中需要警醒的。

迄今为止，大陆地区的社会工作发展将近四十年，从开始单项输入香港和台湾地区的社会工作知识开始，到如今已经逐步具备了自主意识，开始基于本土的实际需求开发适合本地的社会工作专业知识体系。尽管在一定程度上还带有香港腔和台湾味，但大陆本土化的社会工作逐步开始生长，社会工作督导队伍已逐步开始建立，专业自觉开始真正形成。对于香港和台湾地区乃至社会工作更加发达的英美国家的社会工作经验，大陆地区逐步越过了全盘接受的被动时期，开始了本土为体、外学为用，具有本土特色的社会工作的知识体系逐步建立起来，这是一个非常良好的开端和转型。

除了性别和地域之外，社会工作督导中还经常遭遇到的一个敏感因素是年龄。社会工作督导最初源自传统的师傅带徒弟这种手把手、口口相传的模式。在过去，因为社会本身的变革速度比较缓慢，知识的更新更多的是依靠生活经验的积累，长时间的"熬"是成就好督导的一个重要因素，也正因为如此，督导的承担者以年长者为主。上海前几年刚开始推行社会工作发展时，就借助于年长者的经验来带领年轻人，比如社区矫正是从监狱局吸纳了一批有经验的临近退休的狱警，社区戒毒则是招募了一批年龄比较大的警察，社区青少年事务中心则是招募了一批年长的教师。三大社团在推进社会工作专业探索时，主要依靠年长的同志借助自己的丰富经验来督导年轻的社工。随着国内院校社会工作专业的大量设立，尤其是社会工作硕士点的大量设立，受过专业社会工作教育并且持有社会工作资格证书以及社会工作学位证书的年轻人，开始陆续进入社会工作机构，督导队伍的转型和升级由此开始。二三十岁的受过专业训练的年轻社工开始成为督导，这一方面大大降低了社会工作督导队伍的平均年龄，另一方面使得年轻的社工开始对年老的社工进行真正专业的督导。高校系统同样进行了类似的转型升级，越来越多受过良好专业社会工作训练、持有海外博士学位、具有精湛服务技术的年轻教师进入高校，这些年轻人同样开始了对社工机构中的年长者的专业督导。这种年龄上的倒置逐步成为社会工作督导的常态，经验本身的影响力逐步让位于真正的专业影响力。总体来看，20 世纪四五十年代出生的社工因为知识结构问题逐步开始退出督导舞台，六七十年代出生的未受过专业的训练但具备更多经验的社工正在努力登上督导的舞台，但是，八九十年代出生的社工成长非常迅速，因为受过专业社会工作训练，同时具备国际化视野，这批年轻人应该会成为我国社会工作督导最可靠的有生力量。

与性别、地域以及年龄相关联的另一个督导要素是“面子”。社会工作本质上是一种西方文化的产物，但中国的传统文化与西方文化比较起来有很大差异。西方社会工作督导更多注重的是通过契约关系来推动专业成长，而中国的传统文化更加强调人与人之间的人性化互动。若督导本质上是人与人之间的有机互动，“面子”当然是督导过程中很难绕过的。从本质上来讲，督导关系的建立应该是在专业水平的高低之别的基础之上的，但实际督导过程的开展则离不开人情的关系运作。比如，一个年轻的女性社工来督导一个年长的男性社工，这里就涉及年龄、性别等多重关系，可能对督导关系构成潜在的挑战。如何能够有效地开展督导，“面子”就成了非常具有中国特色的一个考量因素。

社会工作督导是专业知识传播的过程，同时也是问题解决的过程，但社会工作督导本质上更是人与人的情境性互动过程，督导的顺利进行并不仅仅基于单纯的知识传播，还需要依靠人情的交互。在实际督导过程中，一种督导风格非常理性化，非常职业化，把督导完全切割成专业开展的时间片段；另一种则是将督导融汇于日常的嘘寒问暖，于无形之中逐步化解各种难题。比较而言，前者督导风格显冷，后者督导风格显热。督导风格的选择没有绝对的非此即彼，但是，给督导做些人性化的包装，让督导的过程更加充满人情化的温暖，这应该是更受人们欢迎的。

跟面子相关的另一个督导影响要素是权威。督导毕竟是传播知识和解决问题的过程，而权威会给督导带来更加强大的说服力，因此，权威的建立是必需的。阿尔弗雷德认为：“从情感上来说，我们不愿意承认即使是同行或同事，一旦从事督导工作，就会承担不同的工作任务和责任，相互之间的关系也会变为督导员和被督导者的关系，但是，这种善意的曲解会使我们忽视督导工作中所固有的权威和权力。”①

马克斯·韦伯在谈到政治权威的来源时提出过非常有名的论断，他认为，权威的来源有三个：传统型权威、克里斯玛型（魅力型）权威、法理型权威。其中，传统型权威依靠世袭，克里斯玛型权威则借助于当事人的巨大个人感召力，法理型权威则是由法理契约所赋予。在我国，首批社会工作督导的产生基于年龄相关的经验而建立起了所谓的督导权威，但这是非专业性的权威，很容易受到专业化的冲击；克里斯玛型的督导权威的产生则依赖于超越普通社工的非同一般的个人魅力，这在社工领域中相对比较稀缺。目前看来，随着年轻一代社会工作者的成长，法理型督导权威逐渐被人接受，在性别、年龄、地域以及面子等众多相关因素的考量中，基于专业的法理型

---

① ［美］阿尔弗雷多·卡杜山、丹尼尔·哈克尼斯：《社会工作督导（第四版）》，郭名倞等译，中国人民大学出版社 2008 年版，第 74 页。

权威逐渐成为当下社会工作督导权威的主流，这也从侧面表明了社会工作专业发展的逐步成熟。法理型督导权威的建立有助于社会工作督导逐步摆脱性别权力、地域权力、阶级权力、行政权力等非专业性权力的干扰，真正回归专业本身。

社会工作督导在具体开展工作时，除了性别、地域、面子、权威等影响因素外，往往还会受到经济、文化、政治、宗教等更多相关因素的影响。正因为如此，要想成为一个好督导，不仅需要专业知识的充分储备，还需具备多元文化的敏感性以及反思性乃至批判性思维的训练。“社会工作督导者的工作重点是鼓励受督导者使用这四个层次（技术的反思、实践的反思、加工的反思、批判的反思——引者注），并保证真正的批判性反思是社会工作者和督导者工作技能的一部分。社会工作者的工作绝非简单易行，他们日复一日地处理着案主复杂的家庭情景，应对着专业环境的变迁，并且要作出艰难的专业判断。批判性反思作为督导过程的一部分，将可以提供一个理性分析、专业判断和决策制定的基础。”①

在我国目前的社会工作督导设置中，督导大多被人为地设置成一种固化的岗位，这引起了很大的争议。这种督导岗位层级化的设置客观上起到的一个作用是突出了督导的重要性，强调了督导要比一线实务社工更加不易。国际上对于督导的定义也存在多种理解，但一种较为普遍的认识是：督导者相当于机构中的更加重要的岗位人员。也正因为如此，成为督导尤其是一个好的督导的要求非常苛刻，不仅准入门槛非常高，而且，后续的提升同样非常重要。有人认为，成就一个好督导必须具备的主要条件包括但不限于以下十点：

第一，充分的专业知识训练；

第二，丰富的专业实践经验；

第三，有督导他人的强烈意愿；

① ［英］Jane Wonnacott：《社会工作督导》，赵环、魏雯倩等译，华东理工大学出版社 2015 年版，第 17 页。

第四，有足够的督导他人的能力；

第五，对于督导机构的相关政策和工作程序非常熟悉；

第六，愿意与督导对象一起成长；

第七，获得相应的资质和培训；

第八，良好的职业道德；

第九，真诚、信任、尊重、关怀的态度；

第十，强烈的社会责任感。

以上十条涵盖了一个好的督导需要具备的主要修为。阿尔弗雷德经过对一线社工的大量调查，总结出来好的社会工作督导的基本特征是："优秀的督导员是能施以援手的、方便接近的、和蔼可亲而又有才能的人。优秀督导员总的形象可以被勾勒为：技术上有能力、工作称职的专业人员，同时具备良好的人际关系技巧和良好的组织、管理技能。"[①]

第四节　督导社会工作的本土探索：第三条道路

督导作为社会工作服务的一种间接方法，在上海市 2003 年大规模推动社会工作发展的时候就已经被提出并且付诸实践。时至今日，督导又一次作为一个重要话题被提出来，民政部甚至专门出台相关文件来推动社会工作督导的选拔、培养、使用和激励，这恰恰反映了我国社会工作当下的发展态势。

需要承认的是，此前我们时常提及的社会工作督导主要指的是一种服务方法和技能，而今，尤其是在民政部发文之后，各个地方大力推动的社会工作督导开始被纳入社会工作人才队伍建设的宏观战略之中，社会工作督

① ［美］阿尔弗雷多·卡杜山、丹尼尔·哈克尼斯：《社会工作督导（第四版）》，郭名倞等译，中国人民大学出版社 2008 年版，第 255 页。

导建设已经突破了单一的方法技能，上升为一种社会工作全面推进的战略抓手，这要求我们有更加结构化的思维来理解社会工作督导这个全新的议题。

我国社会工作的推进策略和实施路径相比国外而言，不是一个单纯的自下而上的社会苏醒过程，而是自上而下的行政动员与自下而上的专业发展二者有机结合的过程，这也是我们理解当下国内社会工作督导不可或缺的特殊背景。

从我国特有的社会发展情形出发，结合社会工作督导本身的具体发展，正确理解当下我国社会工作督导的发展需要认清和把握以下几个要点。

第一，政治化与专业化博弈下的社会工作督导。

从教科书上的定义来看，社会工作就是“一种专业助人方法”。这个界定也许不够严谨，过于强调专业“助人”方法而忽略了社会工作与心理咨询等其他同样号称助人专业的区别。但值得欣慰的是，对于“专业”助人方法的强调使得社会工作在很大程度上与社区工作者及居委会干部等其他“经验”助人者形成了区别。也正因为社会工作服务本身的专业性，所以才有了对社会工作督导强调的必要性，因为督导是社会工作发展专业性的必要保障。

此外，特别值得注意的是社会工作专业性与政治性二者的平衡与协调。尽管国外专家在谈论社会工作时也注意到了社会工作本身不可避免的政治性，但国外社会工作的政治性建立在对弱势社群政治权利的捍卫以及社会资源的公平配置的基础上。与政府第一域和市场第二域相比较，第三域社会本身的模糊性和脆弱性使得当代中国社会工作本身承受了更多政治性或行政性的影响。因为目前大多数资源来源于政府，所以，社会工作本身的发展受到了政府的诸多影响。这种影响一方面表现在实务社工服务情景的局限，另一方面也体现在专家学者对于社会工作本身专业操守的坚持。因此，我国社会工作中的政治性除了像国外社会工作一样注重对于弱势社群的权利捍卫和社会资源的公平配置之外，还要进一步强调社会工作对于整个社会治理的重要性。因此，督导的介入不仅仅能够为社工提供专业的技术支持，更重要的还在于为社工带来专业价值捍卫的榜样力量。同时，督导的跟进还有助于提升一线社工对于社会整体和国家系统的全面关注，帮助社会工作在个人、家庭、组织、社区、社会、国家以及政党等多个层面和维度发挥应有的专业效能。

第二，督导社会工作开展的三条路线。

社会工作督导的服务对象包括一线社工、实习生、志愿者以及相关官员等，高校学生因为教育资源数量上的相对充裕，其督导问题基本上已经得到解决，比较值得关注的是针对一线社工的专业督导。

自 2003 年上海市三大社团积极推动社会工作及其督导以来，我国许多地方陆续开始了社会工作督导的地方性探索。结合各地已有的督导发展情形，大体来说，目前社会工作对于一线社工的督导主要有三种模式。

第一种是发达国家和地区资深督导力量的直接引入。这方面的主要代表是深圳，因为毗邻香港地区的地缘优势，加之地方政府财政支持力度较大，所以，深圳在社会工作发展初期大力引入香港地区的督导，迅速提升了当地社会工作的实务水准。但是，香港地区社会工作督导的直接引入从客观上来说也存在不少问题，一方面是深圳地方财政压力的加大，另一方面则是因为深圳和香港分别处于社会工作发展的不同时期而存在的差异。尤其需要注意的是，香港和深圳的社会福利体系有一定的差异，而社会工作本质上是社会福利体系中的一个组成部分，因而深圳直接引入香港地区的社会工作督导不可避免地会产生社会工作专业的排异反应。

第二种是高校社会工作教育者的直接引入。我国当代社会工作发展的基本特征是教育先行，因此，在社会工作开展初期，引入社会工作专家进行督导就成为最现实有效的措施。这方面的代表主要是上海，因为 2003 年全市社会工作的推进主要是先行在青少年、戒毒和社区矫正这三个领域的四个试点区展开，相对比较集中，而且当时的社会工作实务资源相对比较稀缺，所以高校、政府及实务界就开展合作。这种合作的结果是多赢，高校教师获得了理论与实践的平衡积累，政府受到了社会工作专业的启蒙与倡导，实务界则很快规范了专业化操作技术。更重要的是，政社互动成了上海社会工作发展非常关键的动力机制。另一个重要的结果则是，上海大量选用本地高校教师进行社会工作专业督导，这一方面大大节省了督导投入费用，另一方面，本地高校专家的介入也使得上海的社会工作发展一开始走的就是本土化道路，更加切合本土需求。一个很明显的例证就是，深圳最初的社会工作采用岗位制，上海则是借助项目制推动社会工作发展，迄今为止，国内社会工作发展的路径几乎都采用了项目制，包括深圳也在进一步加大项目制。更有意思的是，许多地方甚至将督导本身也作为项目来进行推广。

第三种是社工机构内部社工的自我培育。客观来说，时至今日，上海社工机构的专业度与国际基准线比较起来还有一定差距，一个很明显的例证就是，目前上海的一线实务社会工作者很多并没有接受过专业社会工作本科教育，除了医务社会工作之外，其他领域的专业社会工作者队伍中，社会工作硕士的总体比例还非常低。与此相对应的是，承担督导重任的内部社工的选拔更多依靠的是工作经验的“相对优势”，而没有严格遵循国际化的督导资质“绝对标准”。但应该肯定的是，上海市最初推广社会工作几乎采用的都是外生性的专家督导，而今，绝大多数社工机构采用的都是内生性的同工督导，这也从一个侧面表明了上海社会工作专业水准的提高以及社会工作者队伍的可喜进步。

第三，社会工作督导本土化的抉择。

社会工作尽管是舶来品，但服务上则完全基于本土的需求。社会工作实务非常注重对于案主需求的个性化满足，而案主的产生则更多是因应本土的社会问题。也正因为如此，本土化必然成为我国社会工作督导发展相对于国际社会工作的个别化需求。如果按此标准考量的话，第一条道路相对于我国本土而言属于外引督导，第二条道路相对于机构自身而言同样也是外引督导，只有第三条道路也就是立足于培育机构内部的自有督导才是真正的内生督导。从理论上来说，第三条道路才是社会工作督导发展的理想选择。

从2003年上海市三大社团开展社会工作服务及督导至今，发展经验证明，立足本土社会需求，培养本土社会工作督导，尤其是致力于培养一线社工，推动一线社工逐步成为督导，才是最有效的本土化社会工作督导发展之路。事实也的确如此，如今在上海社会工作机构中担任长期督导的发达国家和地区的专业人员的数量已经非常稀少，高校专家也已经陆续退出，社工机构中曾经青涩的一线社工如今逐步成长为资深督导，这种社工机构内部一线社工的专业成长标志着我国社会工作专业的真正自觉乃至自主性发展。

结合全国不同地区的社会工作督导发展，从上海目前的发展情形来看，2003年第一批投身实务督导的高校专家基本上已经陆续退出，越来越多的社工机构开始致力于培养自己的专属社工成为实务督导，同时，机构内部的督导机制也在逐步完善。特别令人振奋和欣慰的是，机构督导的成长壮大使他们不仅承担了机构自身的督导任务，同时，越来越多的机构督导也开始承担起高校社会工作专业本科甚至硕士学生实习的督导。政府、高校以及实务界互动的良性格局开始逐步显现。

社会工作督导本身的发展是一个系统工程，深深植根于社会需求、政府推动、高校教育以及社工自我提升之中。令人欣喜的是，党和政府充分意识到了我国当前的社会转型的紧迫性，以及社会创新的重要性和社会治理的决定性，同时高校在社会工作专业建设方面已经建立了从本科到硕士再到博士的完整的社会工作教育体系，政府进一步加大了对社会工作机构的扶持和培养，社工人才队伍建设逐步被提到国家战略高度，大量社工机构不断涌现。凡此种种，都为社会工作督导的产生提供了前所未有的发展空间。

古人云，行百里者半九十。我国社会工作督导在快速发展的同时，也在不断遇到越来越多样、越来越复杂的专业问题乃至更加深层的体制性问题，这不仅表明了我们对于督导的需求越来越强烈，同时也表明我们对于督导人员的知识更新以及价值坚守提出了更加严格的要求。

第二章　社会工作督导的本土探索：浦东的经验

请问：当初是基于怎样的考虑开启了督导人才培养计划项目？

答：浦东社工从20世纪90年代起步，十几年来相继走过了人才引进、专业建设、项目开发、机构孵化等道路，一直被誉为中国内地社会工作的领头羊。到2011年，浦东已有40多家社工机构，3 000多名社会工作者。当时，社工发展在全国也迎来了政策的利好，中共十六届六中全会指出要建设宏大的社会工作人才队伍，造就一支结构合理、素质优良的社会工作人才队伍。与此同时，2010年的《国家中长期人才发展规划纲要(2010—2020年)》和《上海市中长期人才发展规划纲要(2010—2020年)》都首次把社会工作人才作为第六类需要高端引领的人才，列入了人才发展的整体战略目标。全国各地社会工作人才队伍建设发展迅猛，专业社会工作者人数激增，但能够发挥引领和示范带动作用的高级社工人才却严重不足。在此背景下，浦东新区希望保持先发优势，进一步完善社工的发展和激励机制，特别要为优秀社工人才实现自我价值设计通道、创造机会，努力营造社工干事创业的好环境。因此，在浦东新区民政局的大力支持下，浦东新区社会工作协会与中国香港基督教服务社合作，开始实施本土化社工督导培养计划。我们希望经过几年的持续努力，培养并认证一批督导，初步形成一支本土化社工督导梯队，对社工督导的培养、评估以及使用等机制进行全面探索和实践，通过督导队伍带动广大的社工实现更好的专业成长，最终让浦东社工能够更有效地服务于广大的人群和社区。

浦东新区社会工作协会秘书长　国云丹

上海市浦东新区专业社会工作实务是在全国和上海市专业社会工作发展的背景下起步、推进和快速发展起来的。改革开放后，社会工作作为一种教育专业和社会职业，于 20 世纪 80 年代末正式开始恢复和重建，以 1987 年民政部召开“社会工作教育发展论证会”为起点，以 1988 年国家教育委员会批准在北京大学社会学系设立社会工作专业为标志。[①] 中国社会工作协会(China Association of Social Workers, CASW)于 1991 年 7 月成立，中国社会工作教育协会(China Association for Social Work Education, CASWE)于 1994 年经民政部注册成立，上海市社会工作者协会则于 1993 年 2 月成立。

上海市浦东新区作为全国改革开放和经济社会发展的前沿，在建区之初就确立了“小政府、大社会”的基本格局，在政府把握宏观调控的同时，将大量公共管理与社会服务职能剥离。与此同时，传统的社会服务实务领域，

① 中国社会工作协会：《中国社会工作发展报告》，社会科学文献出版社 2009 年版，第 3 页。

在服务内容、服务方式和方法、服务人员的专业素质、服务的运行和管理模式等各方面，都难以适应各项社会改革的要求，这迫切要求转变传统社会服务观念，探索现代专业社会工作的模式，录用专业社会服务人才，大力提升现有的社会服务人员的素质，推进现代社会工作实务。

第一节　浦东新区社会工作服务历程

20 世纪末，上海市浦东新区社会发展局作为当时主管社会事业的政府职能部门，集民政、教育、卫生、人口计生等条线的工作于一身，对应社会工作服务的主要领域。浦东新区社会发展局积极探索公共管理与社会服务的专业化与社会化，勇于创新，1996 年率先开展社会工作实务试验，开启了浦东社会工作发展之路，从而拉开了我国专业社会工作实务的序幕。20 多年来，浦东新区社会工作历经了起步、组织、职业化和全面推进的持续发展过程。

一、第一阶段：探索与倡导(1997—2005)

(一) 引进人才、设置岗位：开启浦东社工本土化探索之路

20 世纪末，集民政、教育、卫生、人口计生等条线工作于一身的浦东新区社会发展局，勇于创新，积极探索公共管理与社会服务的专业化与社会化。1997 年，浦东新区社会发展局从原中国青年政治学院社会工作系引入 36 名社会工作专业本科毕业生，补充到基层相关岗位上，成为浦东新区开展基层社会工作的一支新生力量。他们尝试运用专业理念与方法处理社区和福利机构的问题，收到了良好的效果，初步彰显了社会工作的专业有效性。为了更好地提升服务效果，社工在开展专业服务的同时，也开始自发地寻找专业归属与组织认同。他们通过民间社工沙龙的形式定期聚会，围绕不同主题进行各种形式的交流讨论，如“个案工作方法探讨”“社会工作在老人福利院

中的应用”“社区工作中的法律问题”“青少年热线服务及跟进辅导”等，使分散在各个社区的社工有了分享的机会，凝聚了社工力量，提升了专业认同感。

（二）建立社工站：探索运用实体化的形式推进本土社工实务

在设置岗位的同时，针对居民委员会承担大量的行政事务，法定的自治功能难以得到发挥等突出问题，浦东新区开创了社工站这一形式，来推进本土化社工实务。在浦东新区政府的支持下，首批社工站于2000年建立，分别是：潍坊新村社区社工站、沪东新村社区社工站、东方医院社工站、育英学校社工站和罗山市民会馆社工站。这一举措在缓解社区居委会问题的同时，还将社工站这一模式延伸至医院和学校两个领域。各社工站充分发挥贴近社区、贴近服务对象的优势，运用专业手法，严格遵照“个案和小组专业工作流程”开展服务，陆续推出了个案辅导、小组工作等服务。例如，东方医院社工站开设了“糖友乐”、癌症俱乐部、病友宣讲团、病人资源中心、志愿者服务，潍坊新村社区社工站内设个案辅导室、小组工作室、耆英社、康乐坊、成长坊、老年小组、单亲家庭青少年发展性小组、问题青少年行为矫治小组、残疾人互助小组，沪东社区社工站开展了居家养老服务，育英学校社工站开展了问题青少年“历奇辅导”，罗山市民会馆社工站开设了“亲子乐园”小组。[①]与其他同类机构相比，社工站显示出了极强的专业性，得到了广大服务对象的接纳和认可。

与此同时，在上海市政法委和综治办的推动和直接领导下，上海市新航社区服务总站、自强社区服务总社、阳光社区青少年事务中心（俗称“三大社团”）成立，并于2004年开始招募社工人员，尝试运用社会工作的方法来服务刑事解教人员、监外服刑人员、吸毒人员、社区青少年等人群，以此来推进“预防和减少犯罪工作体系”的建立。在市一级的三大社团之下，各区县还设立了相应的分支机构，浦东在23个街镇也对应成立了上海市自强服务总

① 吴铎、彭希哲：《上海浦东新区社会工作发展之路》，社会科学文献出版社2010年版，第4—5页。

社浦东新区社工站、上海市新航服务总站浦东新区社工站、上海市阳光社区青少年事务中心浦东社工站。各社工站沿用上海市三大社团的运作机制，在社团规模、社工待遇、宣传力度等方面，都远超原有的浦东新区社工，为浦东新区社工拓展了领域，增添了活力。至此，从社工站涉猎的领域来讲，浦东新区形成了四种类型的社工站，分别是学校社工站、医院社工站、居委会社工站和社团社工站。

（三）成立社工机构：探索职业化机构的社会化运作路径

一是成立浦东新区社会工作者协会，推进社工行业发展。

引进人才、设置岗位是进入体制内推动社工行业的发展路径。这种嵌入型的方式，使得社工在服务的过程中，受到来自各方面因素的制约，如设岗单位的考核制度与社工服务内容不匹配，使得社工的工作无法衡量，还有社工身份定位的双重性导致服务对象的不接纳等，这些因素严重制约了社工服务的开展，甚至有的社工迫于各方面的压力，被设岗单位所同化，这导致社工岗位形同虚设。相关学者、政府部门意识到这个问题，决定从体制外来推动社工发展。为此，在学者、政府以及社会事业热衷者的共同努力下，浦东新区社会工作者协会于 1999 年 12 月注册成立。浦东社工协会接受新区社会发展局的业务指导和监督管理，理事会由浦东新区社会工作者、社区建设和社会福利工作者以及相关专家学者组成，提出了“团结社工、服务社会、发展专业”的使命，开始了专业化组织推进社工发展的体制外探索之路。浦东社工协会通过广泛宣传社工理念、培训认定社工人员、进行行业咨询管理、开展海内外学术交流，积极推进浦东新区在社区、文教、卫生等领域逐步实现社会工作的专业化、职业化和制度化，使得浦东新区社工从弱小到壮大，从一个地区的试点上升为不断推广的社会事业。

二是孵化和培育专业社工机构，专业化组织推进社工发展。

社工站的建立使得社会工作者提供服务时能够有所依托，在浦东本土化探索的过程中迈出了重要的一步。然而，不论承认与否，社工站的发展正面临着巨大的困境。除了香山中学，当初 38 个学校的社工站由于校长更换等原因，绝大多数已经难以为继，形同虚设。东方医院和儿童医学中心的社工站尽管坚持了下来，但由于依附于医院的现有体制，由医务人员转型而来的社工属于行政编制，但不属于专业技术人员，使得他们没有相应的晋升机制，再加之医院领导的重视程度不够，使得医务社工在医院中日益被边缘化。而作为基层社区自我管理与服务的政务性组织的居委会社工站，其工作与居委会以及街道(镇)的关系密切相关，社区各类活动都由街道和居委会来主导，政府行政化推动的思维惯性很强，没有给予居民足够的空间培育自治意识和自治能力，使得社区居民真正的需求不能及时得到回应，真正的自治功能的发挥大打折扣。并且，社工站资金周转主要靠街道维持，可谓“只出不进”。按照原先上级领导部门的要求，社工站应该正在逐步由政府机构转为民间团体。一旦街道撤去资金，社工站转向民间，很多社工站对于自身的发展前景也是一片迷茫。而社团社工站在具体工作的开展中，也出现了很多问题，例如：由职责不明确带来的工作相互推诿的现象；自上而下的资金拨付方式，导致了业务指导和财政支持方面形成了脱节；政府以 1 500～2 000 元的标准购买社工岗位，极大地制约了社工一线服务活动的开展。所有这些因素又直接制约了社工专业服务的成效。

经过前期的探索，浦东社工协会发现，社工站在办公场地上由于依赖于被进驻组织，社工人员无法获得工作的自由度，能力得不到施展，“社工站”模式暴露出了其脆弱的一面。因此，要想真正形成“小政府、大社会”的格局，重点是重构政府与社会之间的关系，将孵化和培育社工机构作为其核心内容来抓。于是，浦东社工协会将自 2002 年起受浦东新区社会发展基金会资助的民工子弟学校社工服务项目移交，于 2003 年酝酿成立中国大陆第一家民办社工专业机构——上海乐群社工服务社，开始探索依托专业机构推进社工实践的发展路径，成为浦东新区社会工作发展的重要转折点。目前，浦东孕育出了近 30 家社工机构，其发育的类型主要有三种：

(1) 以社会需求为导向而建立的内生性社工机构。随着社会的进步和发展，多元化的社会新问题不断涌现，这促使了一批立志于满足社会需求、解决社会问题的社工机构的诞生，此类社工机构有乐群社工服务社、乐耆社工服务社、乐家社工服务社、睿新社区服务中心、伙伴聚家养老服务社、久牵志愿者服务社、欣耕工坊、青翼社会工作人才服务中心、复惠社会工作事务中心、手牵手生命关爱发展中心等。

(2) 基于政府职能转变下设的外生性机构。浦东新区在建区之初就确立了“小政府、大社会”的基本格局，在综合配套改革的要求下，更是突出政府职能转移的改革任务。因此，浦东新区政府开始尝试设立社工机构，将手中拥有的公共服务领域的资源交由社工机构来承接，在政府职能转移的背景下设立的机构有居家养老评估中心、阳光慈善救助站、中致社区服务社等。

(3) 政府和社会合作介于内生和外生两者之间的半官方社工机构。这种半官方社工机构的发育也源于政府职能转移的动机，但与政府创办的外生性机构的区别在于，此类机构的成立不是单纯依靠政府的行政指令，而是政府职能下放的需求找到了可以承接的组织或专业人员。此类机构，浦东新区最具代表性的有公益社工师事务所和屋里厢社区服务中心。

二、第二阶段：制度建构与职业化推进(2005—2010)

通过以上分析，不难发现，浦东社工机构已逐步成为浦东社工服务开展的重要载体和阵地。相对于设岗、社工站等形式，社工机构更符合浦东新区的社会现实基础。

(一) 从发展基础来看，打造了一个良好的政社合作平台

浦东新区在重构政社关系上突出把握了两个重点环节：政社分开和政社合作。一是政社分开，集中体现在“六个分开”，即主体分开、机构分开、职能分开、人员分开、资产分开、住所分开。通过政社分开，政府与社会之间最终实现“三无标准”，即政府与民间组织和社会组织无行政隶属关系、无人事派遣关系、无资产关系。政社分开为社会工作开展提供了“办事空间”。二

是政社合作。政社分开不是目的，实行政社分开是为了政社合作。浦东新区在政社合作方面主要采取两种方式：其一，充分利用浦东市民中心、民间组织服务中心、街镇社区事务受理中心以及浦东门户网站等平台，实现政府与社会的沟通与实时互动；其二，将各职能部门原来承担但可由民间组织与社会组织承担的社会管理和社会服务职能，通过公开招标、项目发包、项目申请、委托管理等方式，由政府购买社会组织的服务，这也是政府购买公共服务的方式。据统计，目前与浦东社工机构合作的新区政府部门主要有民政局、计生委、统战部、妇联、团委、残联、综治办、司法局以及一些街镇。正是基于这两个基础，政府与社会的关系成为一种新型的契约关系，政府与社会按照契约规定，享有各自权利，履行各自义务，为社会工作制度的突进打造了现实的政策平台。

（二）从各主体来看，形成了紧密交流与合作的氛围

目前，所有参与浦东社工社会化、职业化发展的主体，逐步形成了一个“浦东社工发展共同体”（见图 2－1）。这个共同体包括三类机构。第一类机构是职业社工机构，包括浦东社工协会和十几家从事社工服务的，注册为民办非企业单位的会员机构。第二类机构是其他同样从事社会服务，或者说公益服务的非营利机构，它们不以推动社工职业化发展为己任，但事实上也参与、关心和贡献于社工职业化的进程。这类机构又分为两类：其一是促进更宽泛的公益行业或社会服务行业的发展的支持性机构，包括上海映绿公益事业发展中心和浦东非营利组织发展中心（NPI）；其二是其他专注于某一种特定社会问题的解决，在此过程中顺理成章地采用了社会工作手段的机构，比如上海新途社区健康促进社。第三类机构是高校社工院系。它们的本职是教育和研究，但是其专业内容决定了它们与社工实务界的发展状况有休戚与共的关系。这些院系对社工职业化进程的参与包括输送人才、从事理论与研究、参与组织专业研讨活动、针对政府的游说、提出行业发展建议、帮助浦东社工界与外地和海外机构交流等，是行业发展的“智库”。在这个共同体中，各主体不仅在各自的工作领域贡献于浦东社工的发展，而且这

些主体之间还存在密集的交流与合作。

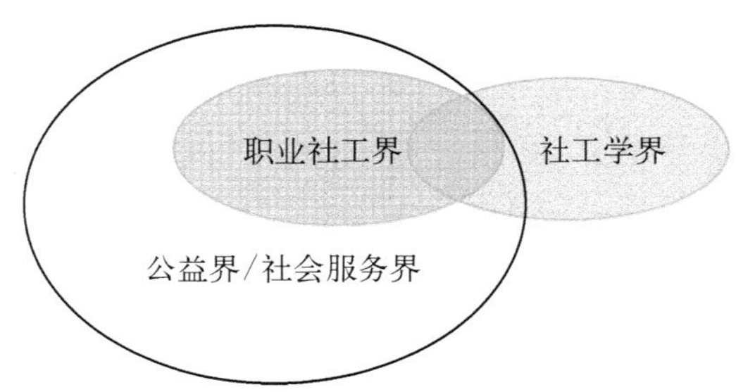

图 2-1　浦东社会工作发展共同体

（三）从社工机构自身来看，塑造了专业服务品牌

近年来，项目化运作已成为浦东社工界的共识。浦东社工机构结合自身特点和优势开展活动，运作了一批具有影响力的服务项目，创立社会工作服务项目品牌，如“阳光童年”民工子弟学校社工服务项目、“金色夕阳”社区老年服务项目、“外来不寂寞”流动人口生育关怀项目、“圆梦家园”外来媳妇服务项目。这些具有较大影响力的社会服务项目，既在专业领域和社区居民中为浦东社工树立了专业服务的品牌形象，也为社工机构的发展和壮大积累了必要的资本。在2009年上海市民政局的公益项目招投标和社区公益创投大赛中，浦东社工机构取得了非常优异的成绩，涌现了一批具有创新意识和贴近社区需求的服务项目，如“边缘家庭”关爱计划、“心灵培育”来沪农民工子女成长关怀项目、“守护天使”临终关怀项目、丧偶独居老人服务项目、常青藤计划、青翼展翅项目。此外，灾后援建项目“火凤凰”妇女绒绣技能培训项目与“爱心加油站”灾后社区慈善帮困计划更是为浦东社工集体赢得了声誉。

（四）从社工行业生态来看，建立起了功能互补体系

目前，浦东社工经过多年的发展，已经建立起了相互支持、功能互补的社会工作运作体系，主要包括行业服务体系、实务操作体系、教育培训体系以及监督评价体系。具体如下：

一是行业服务体系。现在的浦东新区社工协会已经成为浦东社工当之无愧的带头人，在团结社工、服务社会、发展专业方面发挥着越来越重要的作用，并形成了相对完善的行业服务体系。

(1) 规范和强化会员服务功能，推动会员服务经常化、制度化。目前，浦东社工协会的个人会员有近 1 000 名，从事社会服务的团体会员有 26 家。多年来，浦东社工协会为个人会员和团体会员以多种形式提供支持性服务。在个人会员服务方面，协会坚持每月组织一次社工沙龙，每年举办一次社工节，向会员传达最新行业资讯，发布各种信息，并不定期邀请国内外具有丰富经验的专家举办各种工作坊和讲座；在团体会员服务方面，提供各类人事和财务代理服务、能力建设咨询、机构登记咨询、行业资讯指导等服务。

(2) 开展实地调研，通过社会倡导影响社会政策。政府在出台各项社会政策，尤其是关系公共服务、社会管理及社会工作发展的政策之前，先委托社工协会进行调查研究，深入了解社会需求，及时反馈各方面信息，为政府提供现状分析及政策建议；政府再综合多方意见，最终形成政策。从而在制定政策和实施政策等方面，政策的公共性、社会性得到充分体现，政策的科学性和有效性也得到充分保障。目前，已经有民政部、新区区委有关部门、新区区府办、新区政府职能部门、功能区及街镇相关部门委托社工协会开展课题调研。

(3) 开展专业培训和出版专业书籍，推动社工专业化和职业化发展。2002 年，浦东社工协会进行“两个中心”(中国社会工作协会浦东培训中心和中国社会工作协会社会工作者资格评估认证浦东中心)的建设，为协会广泛宣传社工理念、培训认证社会工作者，提高社会工作者的专业知识和实务技能；进行行业咨询管理，积极推进新区在社区、文教、卫生等领域逐步实现社会工作的专业化、职业化和制度化；同时，为开展海内外学术交流等提供了很好的平台。正是这一平台，用社工专业理念与方法提升了从业人员专业素养，为浦东培养出了第一批本土化的社工人才。未来的几年，社工协会将在社会工作督导培训、社会工作质量评估指标体系、社会工作人才评价制度、社会工作服务组织标准化建设等方面发挥自身优势。与此同时，浦东社工协会及时总结浦东多年的实务经验，编写专业书籍，如《社会工作案例精选》《社会工作者全国职业资格鉴定培训教材》（一、二、三、四级及基础知识，共5本）及《社会工作者职业资格鉴定习题册》等，进一步提升专业服务。

二是实务操作体系。目前浦东有多家提供一线服务的专业社工服务机构，以乐群社工服务社为代表，包括中致社区服务社、公益社工师事务所、阳光慈善救助服务社、乐耆社工服务社、乐家社工服务社、新途社区健康促进社等。这类机构在实务操作过程中，形成了“现实导向、项目为本、社会运作、专业推进”的操作体系。

（1）现实导向。这些社工机构着眼于居民多层次、多样化的物质、文化、生活服务需求，特别是对居民最关心、最需要的服务需求有着灵敏的反应，不断拓展服务领域，开发项目，提供个性化服务，以弥补政府公共服务提供之不足。

（2）项目为本。经过十多年的探索实践，浦东的社会工作已覆盖老年人、青少年、社区矫正、禁毒、助残、妇女、外来民工子弟、少数民族与宗教事务、医务、家庭、学校、计生、慈善救助、儿童收养、婚姻、流动人口等16个实务领域，开展了“社区共融：少数民族宗教”“流浪乞讨人员慈善救助”“金色夕阳”“浦东市民中心政社合作平台”“外来不寂寞——外来流动人口关怀生育”“中途宿舍”“阳光童年民工子弟学校社工服务项目”“自渔自乐残疾人工作坊”“守护天使临终关怀”“假如我能行走三天”“智障人士居家照护指导计划”“丧偶独居老人服务”“雏鹰展翅——流动儿童健康”等20多个项目。

（3）社会运作。在浦东社会机构实务操作中，“社会运作”主要体现三层含义：一是政府购买社工服务时面向多家社工组织，公平、公开，体现竞争，双向选择；二是指提供社工服务的社工机构与政府及行政部门没有人、财、物的关系；三是开展具体服务过程中，除了一线社会工作人员，还有志愿者等爱心人士的加入，并且资金来源多元化，包括企业、基金会、个人捐款以及政府购买。

(4) 专业推进。专业是立身之本，社工机构成立伊始，就将专业化作为首要准则，注重将经典理论与机构使命有效结合，针对不同人群的需求及问题，引入个案工作、小组工作、社区工作以及社会工作研究专业方法以作出积极回应。

三是教育培训体系。浦东社工协会于 2006 年创办了社会工作培训机构——浦东四惟社会工作者培训中心。培训中心依靠强大的师资力量、丰富的培训素材与专业的服务精神，迅速成为专业社工培训机构。培训中心积极与高校合作，充分借助专业师资力量，一方面针对各类社工人才开展职业培训，先后与 13 所高校在养老、医务、学校、家庭、青少年事务等 10 个领域建立了 27 个社工实习基地和见习基地；另一方面，对大量非专业社会工作从业人员以及社会工作者进行社会工作普及培训与继续教育，提升他们的专业素养与专业技能。通过几年的努力，培训中心的培训对象及培训模式趋于多样化，通过培训来宣传理念、凝聚人才、带动项目的功能愈加明显。培训范围扩展至包括普及性培训、职业资格证书培训、专业提升培训、定向培训、专题培训 5 种类型。截至目前，培训班已开展 78 期，培训 11 659 人次，具有国家职业资格的社会工作者已经发展到 1 500 人，其中 500 多人分布在各类社工机构，成为浦东社会工作专业化、职业化发展道路上的中坚力量。这种大规模培训的开展和实习基地的建设既为社会工作在更大范围、更大空间的开展提供了人才储备，也进一步深化了社会服务，提高了社会工作知晓度，扩大了社会工作的影响。

四是监督评价体系。随着浦东新区社工机构的快速发展和人们需求的日益多元化，承接的项目越来越多，涉及的领域越来越广，浦东社会工作的发展对第三方评估产生了迫切需求。本着机构专业化发展的需要，复惠社会工作事务中心于 2007 年成立。该机构由复旦大学社工系顾东辉教授领衔，主要理事、成员为复旦大学的社工专业教师，该机构成立的目的是在专业发展上给予浦东社工机构方向性的指引和指导。复惠社会工作事务中心的主要业务范围为项目评估、督导训练、协助机构开发项目等，其中以项目评估为主。截至2010年，该机构已受阳光慈善救助、乐群、中致、浦东慈善分会等机构委托，做了多方面的项目评估工作；但由于评估费用、评估标准等问题，机构难以发挥更大的作用。在现有的条件下，浦东的社工机构在项目实施的过程中和项目实施结束后，主要采用社工机构自我评估、服务对象评估、受托组织在项目实施过程中抽查评估等形式，以保证机构专业化、职业化的健康发展。伴随着购买机制的完善，以及社会服务需求和项目的增加，为了给予社会组织一个公平、公正的竞争环境，大大提高社会服务购买资金的使用效率，不断完善社会服务评估机制还是很有必要的。

三、第三阶段：专业化提升与多领域发展(2010年至今)

“十二五”期间，是浦东新区提出创新驱动、转型发展的要求，充分实现二次创业，推进国民经济和社会全面发展的五年。五年来，在区委、区政府的领导下，浦东社会工作发展依托职能部门、群团组织和社会各方力量，围绕“社会化推进”和“实务型发展”思路，在立足浦东、服务上海的同时，积极走出浦东，放眼全国，并在全球发出浦东的声音。在这期间，浦东新区积极推进社会工作建设，帮助困难群体、弱势群体不断改善生活条件，促成多元主体参与社会治理，有力地发挥了社会工作在提高社会凝聚力和加强社会建设中的作用。

（一）引领与增能，打造一支素质优良的社会工作队伍

2010—2015年，浦东新区加快社会工作人才培养的步伐，完成社工继续教育和社会工作知识普及培训分别达到4 000人次和10 000人次。统战、社会救助、工会、青少年、妇女等领域也加大政府购买力度，吸引了一批社会工作人才。截至2015年年底，全区具有国家职业资格证书的社会工作者达到5 000多人，是“十一五”时期持证人数的3倍。其中，有1 000多人分布在各类社工机构，成为浦东社会工作专业化、职业化发展道路上的中坚力量。同时，一批具有专业知识、创新理念和实践经验的优秀人才发起并创立社工机构，他们或有企业多年工作经历，或是专家学者，如上海复恩社会组织法律

研究与服务中心的发起人是专业律师，上海惠迪吉公益人心理关爱中心的发起人是华东师范大学心理学博士。另外，浦东还培养了44名本土社工督导人才，并涌现出以浦东社工协会秘书长国云丹、浦东非营利组织发展中心负责人吕朝等为代表的具有影响力的社会工作领军人才，这使得浦东社工的品牌号召力越来越强大。

（二）实务本土化，竭力打造社会工作健康发展生态圈

浦东的社会服务机构日渐成熟与壮大，机构数量相比“十一五”时期翻番，发展到53家，资产平均值从200万增加到近400万，除政府购买服务资金外，还广泛吸纳基金会、企业和其他社会资金，甚至有机构尝试社会企业的运作模式，如欣耕工坊。这些机构的服务领域已经涵盖了社区建设、社会福利、教育辅导、禁毒戒毒、人口计生、精神卫生、婚姻家庭等16个领域，并涌现出21个具有一定社会影响力的品牌服务项目（见表2-1）。浦东新区也因此被评为“首批全国社会工作服务示范地区”。

表2-1　2015年入围上海市品牌项目的浦东社工协会团体会员品牌项目一览

品牌名称	所属机构名称	服务类别	成立时间/年	品牌时间/年	开展服务地区	工作团队人数	社工师所占比重/%
斯迪克计划	上海新途社区健康促进社	残疾人健康促进、社区融合与社区发展	2008	7	上海市、重庆市	9	67
咏年楼		长者	2010	5	浦东新区、杨浦区、闵行区、徐汇区、青浦区	9	67
常青藤		健康干预	2009	6	上海市、成都市	3	75
我爱我家	上海乐爱社工师事务所	助残服务	2009	6	浦东新区金杨新村街道	2	100
社区共融	上海乐群社工服务社	统战社工服务	2007	8	浦东新区16个街镇	26	80

续　表

品牌名称	所属机构名称	服务类别	成立时间/年	品牌时间/年	开展服务地区	工作团队人数	社工师所占比重/%
爱陪伴	上海浦东手牵手生命关爱发展中心	社区自助互助	2012	3	浦东新区北部12个街镇，浦东新区南部（南汇地区）12个镇	6	0
白首·印象	上海浦东新区乐耆社工服务社	助老服务	2012	3	浦东新区、杨浦区	28	75
暖阳行动	上海公益社工师事务所	优抚对象	2011	4	浦东新区惠南镇、书院镇等7个街镇	7	86
“新启程”家庭成长计划		社会救助	2010	5	浦东新区14个街镇	13	90
友邻有爱	上海浦东新区慈爱公益服务社	社区融合	2013	2	浦东新区	4	80
家庭禁毒联盟	上海中致社区服务社	禁毒工作	2009	6	浦东新区36个街镇	120	77
青春健康	上海乐家社工服务社	青少年性教育	2009	6	浦东新区36个街镇	5	60
Le Nest	上海浦东联洋新社区健康服务中心	健康、养老	2012	3	浦东花木街道、普陀长寿路街道、浦东周浦镇	3	67
阿福童体验馆	上海百特教育咨询中心	社区教育	2012	3	北京市、上海市、苏州市、贵阳市、渭南市	10	50
青年行		青年社团、职业就业教育	2012	3	上海市、北京市、江苏省、四川省、海南省、贵州省、云南省	5	50

续　表

品牌名称	所属机构名称	服务类别	成立时间/年	品牌时间/年	开展服务地区	工作团队人数	社工师所占比重/%
老来客	上海屋里厢社区服务中心	社区自治	2008	7	浦东新区和闵行区	2	50
里仁家园		社区发展	2010	5	上海市、苏州市、杭州市、合肥市、厦门市、南京市	21	52
婚姻危机干预服务	上海睿家社工服务社	婚姻家庭	2010	5	浦东新区市民中心、惠南镇、妇联信访接待室	3	33
和谐起航	上海中和社区矫正事务所	司法社会工作	2011	4	浦东新区 19 个街镇	40	75
东方社工	上海市东方医院社工部	医务社会工作	2000	15	上海市	6	100
心晴驿站	上海市民政第二精神卫生中心	社会公益类	2011	4	浦东新区康桥镇	7	71

（三）宣传并倡导，营造关注社会工作发展的良好氛围

社会工作发展氛围的营造离不开宣传与倡导。为了让社会工作进入公众视野，浦东新区非常注重发挥报纸、期刊、网络等媒体的作用，依托“浦东社工网”、《浦东社工》杂志以及广播电台“直通 990”等宣传平台，定期更新社工发展动态，普及社工专业知识，展示社工风采。浦东社工协会在培养社工督导人才的基础上，出台了《浦东新区关于社会工作督导人才队伍建设实施意见》，确保来自 13 家社会服务机构的近 30 名社会工作督导师享受督导津贴。手牵手生命关爱发展中心助推上海于 2012 年

出台了有关临终关怀的政策。东方医院社工部则促成了《关于推进医务社会工作人才队伍建设的实施意见（试行）》文件的下发。乐家社工服务社推动浦东新区及上海市出台了关于进一步加强计划生育特殊家庭医疗服务的文件。

（四）积极走出去，扩大浦东社工在全国乃至全世界的影响

浦东社会服务机构通过输出品牌项目、组织全国论坛、参与国际交流等形式，扩大浦东社工的影响力。品牌项目输出主要是新途、百特教育、屋里厢等具有较大社会影响力的机构，它们将“斯迪克计划”“里仁家园”“青年行”“阿福童体验馆”等项目推广到北京、江苏、浙江、四川、海南、贵州、云南等地。与此同时，不少机构也都很重视在全国乃至全球范围内与同行进行交流。东方医院主办的国家级继续教育项目“医务社会工作与医院志愿者服务学习班”，培训了来自全国各地的大批专业医务社会工作者。公益社工师事务所则将国内首个运用资产建设模型于预贫困青少年及其家庭的社工项目——“青云腾飞计划”带到美国、加拿大等国的多所高校进行深入交流与分享。值得一提的是，浦东社工协会秘书长应邀赴瑞典参加 2012 年社工联合世界大会，并在“中国大陆社会工作发展”的高峰论坛上做了主题演讲，向全世界介绍浦东社会工作推进方面所取得的成就。

第二节　浦东新区社会工作督导探索

浦东新区的督导探索之路走了很长时间，逐步取得了一些成效，从最初注重内部督导的培养，到此后注重建立内部的督导工作机制，再到现在逐渐走出去到外区乃至外地开展项目化的督导服务，在这一探索进程中，浦东新区先后研发和实施了众多督导类项目（见表 2－2）。

表 2-2　督导项目列表

时间/年	项目名称	项 目 内 容	项 目 背 景
2011	2011 年度督导培养计划（2011 年 1 月—2011 年 12 月）	1. 每周开展一次个别督导； 2. 结合学员工作情况，开展 3 次小组督导； 3. 邀请中国香港地区、中国台湾地区专家开展 3 次工作坊； 4. 开展个人拓展工作坊	随着各级政府对社会工作以及社工人才队伍建设的推动，社会工作得到了迅速的发展，社工队伍迅速扩大，各类社工机构也如雨后春笋般涌现。然而，随着社会的发展，无论是服务对象，还是出资方，对社会服务的质量都提出了越来越高的要求。在这样的形势下，社工机构如何培养优秀的社工队伍，提高服务质量，发展机构核心竞争力，成为各个机构面临的新挑战。 浦东社工协会在走过 10 年专业建设、项目开发、孵化机构的道路之后，开始进入转型期，即从过去针对服务对象的直接服务，针对社会组织的项目开发，转入针对提升社工机构专业能力，促进社会工作专业发展，通过督导和评估保证社会服务质量的新时期
2012	2012 年度督导培养计划（2012 年 1 月—2012 年 12 月）	1. 招募浦东各社工机构的优秀社工进行督导培训，使其成为合格的督导助理； 2. 探索、研究督导培养的方式及模式； 3. 提升督导工作理念，提高实务知识及能力； 4. 探索建立督导制度，如分级督导入职标准及岗位职责等，推动社会工作督导人才的可持续发展	浦东社会工作专业督导培养项目在各方支持下顺利进行，历经一年，不仅迎来了阶段性总结之时，也迎来了开拓发展的新一年。 在 2011 年，种子培养计划和督导助理继续教育计划同步进行，每一名种子学员都经历了每周一次个别督导以及每月一次团体督导的密集训练，也与督导助理们一起参与了涉及实务操作、个人成长以及机构管理的多种工作坊，目前已初步具备督导的理念和能力。为了推动督导计划的进一步发展，浦东社工协会着手开展第二年督导培养计划

续 表

时间/年	项目名称	项 目 内 容	项 目 背 景
2013—2014	社会工作专业督导2013年培养项目方案	1. 设立督导专业委员会； 2. 建立及规范督导人才选拔培养办法； 3. 建立及完善督导岗位职责； 4. 加大督导人才使用力度； 5. 建立督导认证方案	2012年浦东新区社会工作协会社会工作专业督导培养项目在各方支持和督导项目组、督导老师以及学员的共同努力下顺利进行，完成了一期学员的首年培训成效评估、二期学员招募、赴香港见习、亲密之旅培训、个人拓展、工作坊、终期评估等各项工作，学员人数从一期的13名增加到38名，通过1～2年的专业督导带教以及各类培训和活动，学员们在督导理念以及个人能力方面都有了不同程度的提升。在2012年年末综合评估中，共有32名学员顺利通过。这32名学员继续参加了2013年的专业督导培养项目
	2013年度嘉定助残孵化园建设项目	1. 为嘉定区19个助残社会组织培养至少1名助残社工督导；同时在残联机关培养2名社工督导； 2. 指导所有助残社会组织开展个案、小组和社区工作； 3. 为全区23个助残项目制定个性化服务标准，并通过市残联和专家团队的认证； 4. 开展嘉定区助残公益服务项目优秀个案评比活动	嘉定区残联积极探索公益助残服务项目的社会化运作模式，不断加大扶持力度，借助社会组织进一步提升残联助残的服务能力。嘉定区助残社会组织孵化园自2011年6月揭牌以来，已从最初的3家助残社会组织承接5个公益服务项目，发展到如今的19家社会组织承接23个项目。接下来，嘉定区残联不仅将继续加大基层助残社会组织的培育和扶持力度，而且更加注重提升这些助残社会组织的能力建设，尤其是社会组织自身的督导能力，以及嘉定区残联的督导能力
	2013—2014年度公益招投标督导项目	1. 提升2013年度招投标项目中标机构的项目运作及专业服务能力； 2. 为10个项目提供专业督导服务； 3. 指导10篇专业督导服务案例并结集印刷	按照浦东新区公益招投标工作专业督导项目的要求，浦东新区将从提升机构项目运作能力、提升项目的专业化水平（专业督导）两个方面开展业务培训和专业督导，为社会组织提供能力支撑，促进社会组织的规范化建设和长效化管理运行，提升社会组织社工队伍的职业化和专业化水平

续　表

时间/年	项目名称	项 目 内 容	项 目 背 景
2014—2015	2014—2015年社会工作专业督导继续培养二年规划之第一年规划	1. 进一步壮大督导师队伍，培养10名社会工作督导师； 2. 进一步提升24名助理督导师和2名初级督导师的督导能力； 3. 进一步扩大社会工作专业督导的受训面，培养30名潜在的督导人才后备队伍	由浦东新区社会工作协会启动的“社会工作专业督导培养三年计划”，自2011年实施至今，在各方支持和督导项目组、督导老师以及学员的共同努力下顺利进行，完成了一期学员的首年培训成效评估、二期学员招募、赴香港见习、亲密之旅培训、个人拓展、工作坊、终期评估等各项工作，学员人数从一期的13名增加到38名，通过1～2年的专业督导带教以及各类培训和活动，学员们在督导理念以及个人能力方面都有了不同程度的提升。在2012年末综合评估中，共有32名学员顺利通过。 这一批评估合格的督导将主要着力在机构内部和机构外部开展督导服务。同时，为了进一步推进督导服务的展开，浦东新区督导专业委员会（简称“督导专委会”）成立。 在开展督导服务的过程中，浦东新区社会工作协会作为项目实施方，在征求督导专委会成员和各位督导意见的基础上，完善了社会工作专业督导制度，包括《浦东新区社会工作督导人才选拔、培养及使用实施方案（试行版）》和《浦东新区社会工作督导师工作指引（试行版）》，以此建立督导人才选拔、培养、认证和使用制度，明确和规范督导人才岗位职责。为了进一步培养督导人才，更好地发挥督导在提供社会服务过程中的影响力，受浦东新区民政局委托，浦东新区社会工作协会承接“社会工作专业督导继续培养项目”
	2014—2015年度公益招投标督导项目	1. 建立一套完善的公益招投标工作专业督导服务资助方案，保证督导服务质量，提升社会服务机构公信力； 2. 提升2014年度招投标项目中标机构的项目运作及专业服务能力； 3. 为5个项目提供专业督导服务	按照浦东新区公益招投标工作专业督导项目的要求，浦东新区从提升机构项目运作能力、提升项目的专业化水平（专业督导）两个方面开展业务培训和专业督导，为社会组织提供能力支撑，促进社会组织的规范化建设和长效化管理运行，提升社会组织社工队伍的职业化和专业化水平

续 表

时间/年	项目名称	项 目 内 容	项 目 背 景
2015—2016	2015—2016年社会工作专业督导继续培养二年规划之第二年规划	1. 进一步提升第三期督导学员在督导方面的能力，包括行政、教育和支持等功能； 2. 在评估第三期督导学员的基础上，及时挖掘具备一定督导潜质的学员，充实到第三期督导学员队伍中，保证第三期督导学员人数的稳定性； 3. 鼓励机构设置督导岗位，并让督导在机构社会服务开展过程中发挥作用	2014—2015年度浦东社会工作专业督导培养项目在各方支持下顺利进行，历经一年，不仅迎来了阶段性总结之时，也迎来了开拓发展的新一年。在12个月的时间里，第三期学员培养计划和督导继续教育计划同步进行。第三期的每一名学员都经历了每月两次个别督导以及每季度一次团体督导的密集训练。同时，学员们每个月还参与了涉及实务操作、个人成长以及机构管理的培训。到2014年年底，第三期督导学员已初步具备督导的理念和能力。为了推动督导计划的进一步发展，浦东社工协会着手开展第二年社会工作专业督导培养计划
	社会工作专业督导继续教育项目（2015—2016）	1. 制定督导人才实施细则，保证实施意见的可行性； 2. 规范财政资金使用，提高资金使用的科学性与绩效性； 3. 加强对督导人才的继续教育，进一步提升督导人才的专业能力	根据《浦东新区关于社会工作督导人才队伍建设实施意见》（浦府办〔2015〕15号）的精神，浦东新区加大对社会工作督导师的激励力度。为保证实施意见的可行性，受浦东新区民政局委托，浦东新区社会工作协会承接“浦东新区社会工作督导人才实施细则制定及运作项目”
	2015—2016年度公益招投标督导项目	1. 提升2015年度招投标项目中标机构的项目运作及专业服务能力； 2. 为4个项目提供专业督导服务； 3. 指导4篇专业督导服务案例	按照浦东新区公益招投标工作专业督导项目的要求，浦东新区从提升机构项目运作能力、提升项目的专业化水平（专业督导）两个方面开展业务培训和专业督导，为社会组织提供能力支撑，促进社会组织的规范化建设和长效化管理运行，提升社会组织社工队伍的职业化和专业化水平

续　表

时间/年	项目名称	项目内容	项目背景
2015—2016	嘉兴督导培养项目	1. 建立嘉兴市助理督导师队伍，培养若干名社会工作助理督导； 2. 提升助理督导师的工作与案例操作能力； 3. 通过实训让助理督导师深入体验和学习专业实务领域，并对上海社工机构有更直接的了解； 4. 探索出具有嘉兴市特色的社工人才培养路径	为了贯彻18个部委联合发布的《关于加强社会工作专业人才队伍建设的意见》，选拔培养一支有能力、有经验的督导人才队伍，为嘉兴市社会工作发展提供高层次人才保障，嘉兴市民政局与上海市浦东新区社会工作协会合作选拔出10名助理督导师培养对象，开展嘉兴市助理社会工作督导师培养项目（简称“嘉兴督导培养项目”）
2016—2018	社会工作专业督导继续教育项目（2016—2017）	1. 对督导人才进行有效性和科学性的评估工作； 2. 提升督导人才“写”“做”“讲”三大能力； 3. 加强对督导人才的继续教育，进一步提升督导人才的专业能力，扩大督导人才的影响力	根据《浦东新区关于社会工作督导人才队伍建设实施意见》（浦府办〔2015〕15号）的精神，浦东新区加大对社会工作督导师的激励力度。受浦东新区民政局委托，浦东新区社会工作协会承接“浦东新区社会工作督导人才实施细则制定及运作项目”
	松江督导培养项目	1. 建立松江区助理督导师队伍，培养10名社会工作助理督导； 2. 提升助理督导师的工作与案例操作能力； 3. 通过实训让助理督导师深入体验和学习专业实务领域，并对上海社工机构有更直接的了解； 4. 探索出具有松江区特色的社工人才培养路径	为了贯彻18个部委联合发布的《关于加强社会工作专业人才队伍建设的意见》，选拔培养一支有能力有经验的督导人才队伍，为上海市松江区社会工作发展提供高层次人才保障，上海市松江区民政局与上海市浦东社会工作协会合作选拔出10名助理督导师培养对象，开展松江区助理社会工作督导师培养两年规划项目

续 表

时间/年	项目名称	项 目 内 容	项 目 背 景
2016—2018	常州督导培养项目	1. 建立常州市助理督导师队伍，培养10名社会工作助理督导； 2. 提升助理督导师的工作与案例操作能力； 3. 通过实训让助理督导师深入体验和学习专业实务领域，并对上海社工机构有更直接的了解； 4. 探索出常州市特色的社工人才培养路径	为了贯彻18个部委联合发布的《关于加强社会工作专业人才队伍建设的意见》，选拔培养一支有能力有经验的督导人才队伍，为常州市社会工作发展提供高层次人才保障，常州市民政局与上海市浦东社会工作协会合作选拔出10名助理督导师培养对象，开展常州市助理社会工作督导师培养项目（简称“常州督导培养项目”）

第三节 浦东社会工作督导的影响

随着浦东新区社会工作专业人才队伍的不断壮大，浦东新区社会工作协会于2011年启动了为期三年的“浦东新区社会工作督导人才培养计划”（简称“督导计划”），目的是为社会服务质量把关，这在上海市实属首创。

一、形势背景

浦东新区社会工作经过十几年的发展，已经形成一支近三千人的专业人才队伍，社会工作者在社区治理中发挥出日益重要的作用，但是，包括社区、社群以及出资方在内的各方面都对社会服务的质量提出了更高的要求。从行业角度出发，我们需要一支为社会服务质量把关的高层次专业人才队伍。为此，在浦东新区民政局的大力支持下，浦东社工协会于2011年启动了为期三年的督导计划。在当时，整个上海也只有浦东新区推出这样的计划，可以说具有一定的首创性。

二、核心理念：引领与增能

"引领与增能"是浦东社工督导人才培养始终坚持的信念，督导师们正是在我国香港与台湾地区的资深督导顾问的"引领"下，逐步"增能"。这一信念在督导师心中不断扎根，深深地影响着每位督导师，他们秉持这一信念，将这份执着坚守下去，从而能够更好地发挥他们在社区治理中的作用，为社会服务质量把好关。

三、基本做法：从"种子"到"新芽"再到"硕果"

一棵参天大树的成长要从种子开始，在阳光、雨水、泥土的滋养下逐渐发芽、结果，而一位优秀社工督导的成长也正如一棵树的生长。督导计划分为三个阶段，分别为种子计划阶段、新芽计划阶段和硕果计划阶段。在三年的培养规划中，这些由社工自荐、机构推荐以及专家评估产生的学员，要接受每周一次的个别督导，每两个月一次的小组督导，每两个月一次的讲座、工作坊等培训，以及一至两周在香港等地的实地学习，还要完成日志、督导记录、工作坊记录、心得体会以及各种评估等文档记录。督导计划集中在个人成长、理论学习以及实务操作三个层面，聚焦于督导的教育、支持以及行政三大功能。

（一）种子计划

2011 年，浦东社工协会从本区 40 多家专业社会服务机构中挑选出 10 名"种子"学员，接受来自我国香港和台湾地区的资深督导的直接督导，这 10 名"种子"学员组成了督导第一梯队。来自浦东新区社会工作协会的胡如意便是其中一位。她毕业于香港大学，获得中级社工师证书、国家二级心理咨询师证书。在十多年的工作经历中，督导培养计划让她完成了职业生涯的三级跳：第一跳，从一线养老服务者到乐耆社工服务社的机构负责人，在她的带领下，乐耆成为首批全国社会工作服务标准化建设示范单位；第二跳，从养老领域督导到多领域督导，在做好养老服务督导的同时，她还充分发挥自身优势，担任禁毒、灾害救助和信访服务的督导；第三跳，从一线服务机构到行业协会，多年的实务经验让她能够有机会到行业协会这样的平台担任副秘书长一职，在推动社工、社会组织以及行业发展方面做了积极的尝试。来自乐群社工服务社的朱蓓也是其中的一位佼佼者。她从事社会工作已 13 年，目前担任机构副主任，主要承担与浦东新区统战部合作的社区共融项目、航头镇鹤沙航城社区生活服务中心项目的统筹管理，并代表乐群参与了 2008 年地震后都江堰社区重建、上海“11·15”火灾灾后支援服务，以及中国社科院社会政策研究中心在湖北恩施、山西永济地区开展的社区工作。她还曾参与主编《社区工作放大镜——以都江堰社区重建为例的社会工作实务手册》。丰富的实务经验和对社会工作事业的热情，使她成功入选“种子计划”。

（二）新芽计划

2012 年，“种子计划”进一步推广为“新芽计划”，学员扩大到 30 名，由“种子”学员直接督导，同时，“种子”学员继续接受来自我国香港和台湾地区的督导老师的相关指导，这一过程被称为间接督导。这 30 名学员组成督导第二梯队。姚依是来自上海市民政第二精神卫生中心社工部的一名“新芽”学员，一直从事一线社会工作服务。在从事医务社会工作服务 7 年期间，她公开发表《慢性精神病患者的小组工作》《运用小组工作方法提高精神分裂症患者服药依从性》等论文，还曾参与撰写民政部研究课题《精神康复社工人才队伍本土化研究》。她撰写的社会工作案例曾多次获奖。丰富的医务社会工作经验和较强的研究能力使她入选“新芽计划”，开始接受督导培训。1989 年出生的舒启燕是这群学员中最年轻的一位，毕业于复旦大学社会工作专业的她，虽年纪轻轻却有着丰富的社会工作实务经验。她在上海公益社工师事务所服务了 5 年，主要负责或参与的项目包括维稳项目、单亲妈妈项目、救助项目以及优抚项目。2012 年，23 岁的她成了一名“新芽”学员，领悟力极高的她顺利通过考核，成为一名助理督导师，现在已开始在机构内部和嘉兴的社工机构开展督导工作。

（三）硕果计划

经过两年的督导专家带教、各类培训和实训拓展以及浦东社工协会督导专业委员会的考核评估，最终来自13家社会服务机构的26名学员成为浦东第一批本土社会工作督导师。其中，初级督导师2名，助理督导师24名。2013年，为了更好地发挥在专业服务和行业引领方面的作用，一方面，这一批本土社工督导师在其所在机构内部开展督导服务，另一方面，他们还参与到"浦东新区公益招投标工作专业督导项目"和"嘉定区助残孵化园建设项目"中，开展跨机构督导服务，让更多的社会工作者和公益项目受益。这就是"硕果计划"。在"硕果计划"中，10名督导师参加了"浦东新区公益招投标工作专业督导项目"，这10位"空降"的社工督导与10家公益组织的一线同事并肩携手，确保了这10个公益招投标的服务项目能以"最佳"的状态呈现给社区居民。

四、主要成效

（一）建立督导委员会，进一步推进专业化发展

督导计划不仅体现在对人的培养上，更体现在一系列与之配套的人才的选拔、培养、使用、认证、考核等制度建设以及在实践中的不断丰富和修正等方面。为了进一步推动督导人才的培养，推进督导服务的有效展开，浦东社工协会于2013年5月成立了由来自上海高校社工系、浦东新区民政局和社会服务机构的8位代表组成的浦东新区督导专业委员会。督导专委会主要承担五大职责：一是为有关督导专业化、职业化文件的制定和修改提供建议和意见；二是研究督导人才队伍结构和培养模式，参与督导人才的绩效评估、晋阶晋级等事宜；三是协助制定督导服务标准和行业规范，推动社会工作事业健康有序地发展；四是开展社会工作督导发展中的重大课题及理论研究；五是开展与督导相关的业务交流、宣传活动，编写教材及出版书刊。

（二）建立督导师制度，进一步完善职业化机制

为贯彻落实中央、上海市及浦东新区关于加强社会工作人才队伍发展

的意见要求，完善浦东新区社会工作督导人才管理和培育机制，根据上海市浦东新区关于加强和推进社会工作人才队伍发展的意见精神，结合浦东新区实际，浦东社工协会制定了相关督导制度文件，包括《浦东新区社会工作督导人才选拔、培养及使用实施方案（试行版）》《浦东新区社会工作督导师工作指引（试行版）》和《浦东新区社会工作督导人才实施细则（试行版）》。此外，根据人才培养的几个必要环节（选拔、培养、使用和评估），浦东新区开发出了一套有针对性且可操作的规范化体系：先选拔，再培养，培养合格后颁发督导师证书，纳入社工督导人才信息库，进行统一使用和管理。这套完整的机制强调对督导师的评估考核，严进严管，确保素质。就全国范围来看，这是社会工作人才建设本土化的一个阶段性成果，为行业自主培养高层次人才提供了一个示范性的框架。

（三）倡导政策出台，进一步完善激励机制

在培养本土化社工督导人才三年实践的基础上，2014 年，浦东新区社会工作协会在第八届社工节上发布了《浦东新区督导人才培养、选拔、使用与评价制度》。在浦东新区民政局和社工行业的共同努力下，2015 年 4 月，该制度获得中共浦东区委、浦东新区人民政府的认可，两办联合发布了《浦东新区关于社会工作督导人才队伍建设实施意见的通知》（简称《实施意见》）。在某种意义上，《实施意见》的出台意味着督导培养计划的努力得到了政府部门的肯定。该意见结合浦东实际，将社会工作督导人才分为助理督导师、初级督导师、中级督导师和高级督导师四个层级，强调对督导师的评估考核和清退制度，严进严管，确保素质，并根据评估标准进行专项岗位津贴和人才补贴的发放。

（四）搭建多元化平台，进一步扩大督导师影响

随着“硕果计划”的推进，出资方、服务对象、服务机构以及评估方都看到了督导师在社会服务中的不可代替性。正因如此，浦东公益招投标督导项目从 2013 年起延续至今，先后有 13 家社会服务机构内部设立了督导岗位并建立了一套完善的督导制度。“督导计划”作为一个品牌项目，足迹遍布

长三角地区，其实施地点从上海的浦东到嘉定，从嘉定到松江，再从上海到浙江嘉兴和江苏常州。可以说，只要合作方有需求，浦东社工协会就会根据对方需求，在全方位调研的基础上，将浦东的督导师与当地培养对象进行对接，让督导师在多元化的平台上，用他们的理念和智慧，更好地发挥专业服务和行业引领的作用，在更大范围承担起“引领”和“增能”的责任。

第四节　浦东新区社会工作督导的管理

为了贯彻落实《上海市“十二五”社会工作人才队伍发展规划》的要求，建设一支结构合理、规模适度、素质优良的社会工作督导人才队伍，从而为浦东新区社会工作发展提供高层次人才保障，浦东新区实施了社会工作督导人才的选拔、培养与使用计划，在坚持择优录用、梯次培养、注重实效的基本原则上，选拔并培养一批拔尖人才，为提升浦东新区社会服务质量提供了人才支撑和智力保障。

浦东新区社会工作督导人才选拔、培养与使用计划由浦东新区社会工作协会负责具体组织实施，涵盖选拔、培养、使用、考核、激励、支持六个环节。

一、选拔

选拔条件	资质要求：具备助理社会工作师及以上专业资质	岗位要求：在机构担任相当于项目主管及以上的职位	学历与经验要求：(1) 社会工作专业大专及以上学历，或者具有心理学、法学、社会学、管理学相关专业本科及以上学历，从事社会工作满 3 年；(2) 其他专业本科及以上学历，从事社会工作满 5 年；(3) 其他专业大专及以上学历，从事社会工作满 7 年	在社会工作方面获得市级及以上奖励、表彰，曾在其他地区担任督导工作，被社会服务机构负责人、高校专家、来自中国香港地区的督导特别推荐者在同等条件下优先选拔培养。同时，能力特别突出者，可破格选泼

续 表

选拔程序	机构推荐和自荐人员均须按督导人才类别如实填写《浦东新区社会工作督导人才候选人登记表》和《浦东新区社会工作督导人才候选人机构推荐（自我推荐）表》	资格审查：浦东新区社会工作协会对各社会服务机构、社工提交的选拔登记表信息和所提交资料的真实性进行审核	考试测评：资格审查通过者，由浦东新区社会工作协会聘请高校专家、来自中国香港地区的督导、社会服务机构负责人组成专家评审团，统一对申请人进行笔试和面试。 （1）笔试。考试形式为闭卷。考试范围为行政性督导、教育性督导和支持性督导的原则与策略。 （2）面试。包括案例模拟面试和无领导小组面试。案例模拟面试主要考察申请人的督导技巧、专业理念、人际交往能力以及与职位相匹配的其他能力；无领导小组面试主要考察申请人的综合分析能力、组织协调能力、应变能力、语言表达能力和逻辑思维能力等	总分构成与计算方法：社会工作督导人才候选人的总分按照机构综合能力评分、笔试、案例模拟面试和无领导小组面试得分各占20%、25%、30%和25%权重加成。浦东新区社会工作协会督导专业委员会依据候选人员总成绩，决定参与培养的人员名单

二、培养

培养方式	团体督导采取专题讲座、专题研讨、案例分析、组织论坛、现场观摩、外出考察等方式进行。目的是通过邀请资深督导专家进行讲解与交流，夯实理论基础，完善知识结构，更新社会工作服务与督导理念，拓展服务视野，同时为培养对象搭建一个相互交流与沟通的平台	小组督导主要以培养对象分享与交流为主，采用工作坊与沟通会的形式，着重提高学员的实际操作能力以及研究分析和解决问题的综合能力	一对一督导主要是邀请资深督导专家根据培养对象的知识结构和服务领域，制定个性化督导方案，对培养对象进行一对一、面对面的指导	远程督导是依托微信、QQ、电子邮箱等联系方式，对督导对象进行以周志、方案及记录为内容的远程指导

续　表

培养内容	社会工作专业价值及社会工作者伦理守则、社会工作督导的价值与原则、督导技巧、督导的研究能力、督导的教育能力、督导的行政能力、服务评估能力，以及个案工作、小组工作与社区工作等实务方法
培养考核	(1) 督导案例（占总分 20%）：每位学员撰写一篇案例，将督导过程中的核心问题，以文字形式呈现。 (2) 过程考核（占总分 20%）：包括培养过程中的表现、周志记录、月督导记录、出勤等情况。 (3) 案例模拟考核（占总分 60%）：现场进行案例模拟，由专家督导综合评分
培养结果	三项考核项目的分值均为 100 分，单项成绩不得低于 75 分，加权总分达到 75 分视为合格
培养认证	经过培养且成绩合格者，由浦东新区社会工作协会督导专业委员会结合各社会服务机构岗位实际需求，确定助理督导师、初级督导师、中级督导师和高级督导师名单，并以适当形式在一定范围内进行为期一周的公示。公示期间，如有反映公示人员存在问题或者弄虚作假的，浦东新区社会工作协会将重新审定其资格。公示结束后公布最终名单

三、使用

机构内部督导服务开展	
1. 明确对象与时间	(1) 督导对象：保证 3～7 名一线社会服务从业人员为督导对象。督导对象既可以是督导人才所在的社会服务机构，也可以是其他单位。 (2) 督导时间：每月不少于 8 个小时的面对面督导时间，督导形式不限，或一对一督导，或小组督导。如督导人才被其他单位外聘，具体督导时间和方式则由外聘单位与外聘督导人才协商安排
2. 撰写督导方案	浦东新区社会工作协会督导专业委员会对申报人的申报材料进行综合评审，拟定督导人才初选名单。各社会服务机构接到初选名单后，及时通知督导人才，并在 15 个工作日内撰写并提交《浦东新区社会工作督导人才督导方案》至浦东新区社会工作协会
3. 做好督导记录	督导人才在每月最后一周将《浦东新区社会工作督导人才开展督导服务月志表格》反馈至浦东新区社会工作协会。浦东新区社会工作协会需做好督导记录保密工作

续 表

4. 明确督导职责	(1) 根据初级督导师及以上级别的督导师反馈的情况，策划并组织实施一线社会服务提供者系统培训方案。 (2) 根据所督导领域的实际情况，与相同领域内的督导协商，统一制定该领域内的各类记录表格，制定初级督导师、助理督导师、一线社会服务提供者之间的工作程序。 (3) 定期召开督导小组会议。 (4) 介入由一线社会服务提供者转介的疑难案例
5. 做好督导记录	为确保督导功能的发挥，积累督导经验，督导师需保证在工作时间与督导对象之间进行每月一次的一对一面谈或小组督导，同时做好完整的督导记录。督导人才在每月最后一周将《浦东新区社会工作督导人才开展督导服务月志表格》反馈至浦东新区社会工作协会。浦东新区社会工作协会需做好督导记录保密工作
机构外部督导服务开展	
如督导师被其他社会服务机构外聘，具体工作时间和方式则由外聘社会服务机构与外聘督导协商安排。原则上，督导师每月至少开展一次一对一面谈或小组督导	

四、考核

浦东新区社会工作协会对督导师负有的职责	(1) 定期收集督导月志，及时了解督导师督导服务情况以及对督导工作的意见和要求，并围绕相关主题，邀请资深督导专家与督导师进行互动，使督导开展过程中的困惑得到有效解决。 (2) 围绕提升督导服务质量的核心任务，积极组织多层次、全方位的督导研讨会、督导工作坊和督导技术竞赛活动，激发督导师的积极性和创造性，促进督导服务质量的进一步提升。 (3) 为进一步提升督导师能力，浦东新区社会工作协会根据督导师需求，积极开发培训与服务模块
考核方式	(1) 过程评估。过程评估占总评估分数的 50%，其中督导方案、督导月志、继续教育所占权重分别为 10%、10%和 30%。 (2) 结果评估。结果评估占总评估分数的 50%，其中督导报告、机构负责人评估和督导对象评估各占 30%、10%和 10%
考核合格标准	评价合格者继续留用，不合格者另行调整，连续 2 年不合格者淘汰，且 3 年内不得再次申请各类督导岗位

续 表

取消督导资质的情况	(1) 培养期间，机构内的年度考核不合格者； (2) 培养期间，因个人原因离开原机构者； (3) 培养期间，不在浦东新区从事社会服务的工作者； (4) 在浦东新区社会工作协会督导专业委员会的年度评估中连续2年评估不合格者； (5) 遭到投诉，但抗诉原因不合理的； (6) 违反民政部颁布的《社会工作者职业道德指引》； (7) 有违反法规甚至违犯法律的行为

五、激励

范围和条件	1. 申报人： (1) 参加督导培养计划，并最终通过浦东新区社会工作协会督导专业委员会资格认证； (2) 在本区工作，按规定与所在单位办理人事关系； (3) 属于浦东新区社会工作协会的个人会员	2. 申报人所在机构： (1) 注册地在浦东，并按规定在浦东为督导人才缴纳社会保险； (2) 机构设置督导岗位，明确督导职责，聘任有资质的督导人才开展督导服务； (3) 属于上海市浦东新区社会工作协会的团体会员，并每年按期缴纳会费	
津贴标准	(1) 社会养老保险津贴。对助理督导师和初级督导师所在单位给予社会养老保险补贴，补贴标准为：单位为其缴纳社会保险费(以上年度上海市社会平均工资的60%为基数)的20%和30%	(2) 督导服务津贴。津贴标准分为两个层次：助理督导师800元/月，初级督导师1 000元/月	(3) 培训津贴。对社会工作督导人才参加国际性交流和培训项目的，按照最高不超过10 000元/人/年的标准发放津贴
津贴发放	(1) 确认享受社会养老保险津贴和督导服务津贴的督导人才，在浦东新区单位受聘工作期间，每半年计发一定数额的社会养老保险津贴和督导服务津贴。 (2) 出现未及时提交督导月志、督导评估表与评估报告的情况，将取消津贴发放		

六、支持

2013年5月23日，为了进一步推进对督导人才的培养，推进督导服务的开展，按照《浦东新区社会工作协会章程》的规定，浦东新区社会工作协会督导专业委员会正式成立。督导专委会主要履行五大职责。

第一，为有关督导专业化、职业化文件的制定和修改提供建议与意见。

第二，研究督导人才队伍结构和培养模式，参与督导人才的绩效评估、晋阶晋级等相关规则、办法的制定、修改以及实施工作，为督导人才提供业务培训。

第三，协助制定督导服务标准和行业规范，通过监督、指导、鼓励社会工作机构向社会提供更加规范、优质的服务，推动社会工作事业健康有序地发展。

第四，开展社会工作督导发展中的重大课题及理论研究，为制定督导专业化和职业化发展相关政策提供参考性意见和建议。

第五，开展与督导相关的业务交流、宣传活动，编写教材及出版书刊。

督导专委会成员来自上海高校社工系专家、浦东新区民政局和民办社工机构，体现了学界、政界和实务界并重的格局。督导专委会的成立不仅有助于社会工作专业化发展和职业化推进，更有助于培养和打造一支专业化程度高、素质优良的社工人才队伍，提高社会工作服务质量，发展机构核心竞争力，从而不断推动浦东社会工作事业的发展。

第三章　督导的选拔

请问：您怎么看待社工督导这个种子计划？

曾经听过一个关于播种的故事：一个人出去播种，一些种子落在路边被小鸟吃掉了；一些种子播在浅土里，很快就发了芽，但因为根基不深，太阳一出来就很快枯干了；另外一些种子播在了荆棘地里，由于荆棘丛生，种子无法顺利地成长；还有一些种子播在了好土里，于是生根发芽，长成了参天大树。

回首社会工作走过的道路，何尝不是如此？犹记得当年首次社工师考试时热闹非凡的情形，其中不乏对这个专业和职业一无所知的人，这些人很快便没了踪影，入了别的行，如同被小鸟叼走的种子。慢慢地，这支队伍逐渐壮大起来。为了推动专业化的发展，各类培训也层出不穷，形式更是日新月异，如培训班、讲座、工作坊等，这些培训的时间往往在半天到两三天左右，让不少人在最短的时间里对社会工作的一些理论和方法有了认识。在新知识、新理念的刺激下，学员们在现场都表现得很有热情，甚至马上要行动，但当他们回到现实工作中之后，这样的激情便很快由于种种原因而消磨殆尽，如同那播在浅土里的种子，很快发了芽又很快枯萎了。还有一些社工，虽然对这个职业充满了激情和憧憬，但由于目前的各种环境限制而很难在专业这条道路上有更深的发展。社工的情况如此，社工机构的情况亦是如此。

浦东社工协会督导项目原负责人　谢倩

第一节　督导种子的由来

从 1999 年到 2010 年，浦东社工经历了 11 年的发展，孕育了一定数量的社会组织，也积蓄了一大批有志于社会工作这个助人职业的社工。政社合作、基金会支持、企业参与，给社会组织带来了前所未有的新希望。与此同时，他们对服务质量的更高要求，以及同行之间的良性竞争，都给社会组织提出了新挑战。而社会组织中的社工，也因为服务对象、所在机构以及出资方层出不穷的新要求而倍感压力，继而从主观上迸发出继续学习提高的强烈愿望。这一切都似乎为一粒种子准备好了一片肥沃的土壤，再加上阳光雨露，就能生根发芽，开花结果。这粒种子便是能为社工提供教育、行政、情感支持的社会工作专业督导。

浦东新区民政局作为出资方，浦东新区社工协会作为承办方，中国香港基督教服务处作为合作方，共同商议决定：用三年时间，培养出一支督导队伍。如同播种一样，三年培养计划被依次赋予了“种子”“新芽”和“硕果”的称呼。

第一年，种子计划。种子计划从浦东新区的各家社会组织中挑选出 10

名“种子”学员，接受来自中国香港和台湾地区的资深督导的直接督导。这10名“种子”学员将组成督导第一梯队，成为未来的督导。

第二年，新芽计划。新芽计划将学员扩大到30名，由“种子”学员直接督导，同时“种子”学员继续接受来自督导老师针对其督导的相关指寻，即间接督导。这30名学员将组成督导第二梯队。

第三年，硕果计划。硕果计划旨在发挥督导专业服务和行业引领的作用，一方面，在其所在机构内部开展督导服务；另一方面，在浦东社工协会搭建的平台上，为有需要的机构提供跨机构督导服务，让更多的社会工作者和公益项目受益。

在三年的培养规划中，这些由社工自荐、机构推荐以及专家评估产生的“种子”学员，将接受每周一次的个别督导，每两个月一次的小组督导，每两个月一次的讲座、工作坊等，以及一至两周在香港等地的实地学习；完成日志、督导记录、工作坊记录、心得体会以及各种评估等文档记录。培训内容集中在个人成长、理论学习以及实务操作三个层面，聚焦在督导的教育、支持以及行政三大功能上。

关于督导种子计划的由来及发展，以下是转摘自当时浦东新区督导培养计划的项目负责人谢倩的叙述，她文字中掩饰不住的激动可以让我们分明感受到督导种子计划给社工带来的巨大改变。

回想督导培养的这第一年，作为组织协调者，我感觉最有挑战的莫过于课程的设置和安排，以及如何将10名“种子”学员凝聚在一起，成为将来督导队伍中的核心团队。如果把这个团队比作那粒小小的种子，那么课程设置便是种子生长所需要的阳光雨露。第一年的课程中安排了各类工作坊，包括个人成长、理论学习、实践操作以及机构管理等。对我来说，最想花费笔墨的要数个人成长的这个部分了。

这次个人成长营为期三天，地点定在了浙江省临安市的东天目山脚下。三天中，小溪边的水中大战，石头滩上的自我探索，丛林中的结对野餐，黑夜里的深度冥想，野山上的连滚带爬，大地上的百花拼图，每个未来的督导都在汗水和欢笑中亲近了大自然，亲近了生命，更亲近了自己和身边的同伴，听听他们的心声吧：

> “我觉得自己一直是个很自卑的人……通过今天这次爬山，我觉得自信心大大提高了，原来我也可以上山下山这么快的！”

> “虽然有些人看起来很文弱，但当一个人心里面有一个意念（我一定要爬上去）的时候，其实每一个人都是很强大的。在逆境当中，你要坚持下去，你就能成功了。”

> “这两天每个人身上都发生了很多很（令人）惊奇的事情，我想这是一种心理作用，而这种心理作用来自团队的相互支撑。”

成长营有个意味深长的名字——“Out and Back”。看似简单的“出去和回来”却蕴含着我们的独特用心：离开城市，走进大自然，同时走进每一个人的内心，走近这个团队中的每一个人，然后重新回到城市中，回到社会工作这条道路上来。

> “这个团队已经建立起来了，在这条路上应该很有被支持的感觉。我们应该有动力，接下来我们可以一直走下去，而且可以互相支持。因为我觉得这条路（指社会工作）真的不容易走，就像那条山路也很不好走一样。但今天的经验可以被带到我们的工作当中，记住这个经验，我们肯定能走出一条自己的路。”

通过这次成长营，我们既在每个未来的督导心中播下了一粒种子，也为未来的整个督导团队播下了一粒种子，相信这些种子一定能在浦东这片广袤而肥沃的土壤里生根发芽，在阳光雨露的滋润下茁壮成长。

第二节 督导选拔的条件

相对来说，督导是比较高级的岗位，对社工的技能和素养要求较高，浦东新区社工协会结合国际和国内相关经验，从本地实际情况出发，将督导的选拔条件主要确定为两个部分内容：

第一部分内容：往年筛选督导的基本条件。

第二部分内容：基于WBI工作行为测试找出督导应该具备的七个核心因素。这七个核心因素将作为进一步筛选与认证督导的条件。

多年来，浦东社工协会基于督导项目的本土实践，希望能够开发一套适合选拔本土督导人才的依据。

一、往年筛选督导的基本条件

建立统一的学员招募原则、标准及方法，除机构推荐外，还需通过资格审核小组的面试。

招募的学员必须：

➢ 经所在机构负责人及分管督导推荐；

➢ 通过督导专委会考核。

学员需符合以下条件：

◆ 基本要求

1. 学历要求：社会工作专业专科及以上学历，或者心理学、社会学本科学历；

2. 工作资历要求：有两年以上社会工作直接服务经验；

3. 持社会工作专业资格证书。

◆ 能力要求

1. 核心胜任能力

(1) 个人效能：

◇ 自我检视及自我增能；

◇ 积极及正面的思考；

◇ 沟通技巧及表达能力。

(2) 与人合作：

◇ 团队精神；

◇ 良好的人际关系；

◇ 以服务使用者为本。

(3) 工作表现：

◇ 工作操守：积极地在限定时间内完成任务；

◇ 组织及策划能力：有系统地组织和策划活动，并能联合他人共同完成目标；

◇ 了解机构运作政策及程序；

◇ 追求卓越。

2. 专职胜任能力

(1) 专业能力：

◇ 助人活动的评估能力；

◇ 助人活动的策划及实施能力；

◇ 助人活动的成效评估能力；

◇ 助人活动的程序管理能力；

◇ 危机管理能力；

◇ 记录管理能力。

(2) 建立助人关系的知识及技巧：

◇ 与服务对象的助人关系；

◇ 与社区建立伙伴关系。

(3) 个人素质：

◇ 遵守法律法规；

◇ 对社会及文化的认知；

◇ 发展专业的志向。

(4) 行政及管理能力，财务管理及控制能力。

二、本土督导能力建模

（一）工作行为问卷介绍

工作行为问卷(Work Behavior Inventory, WBI)是美国组织心理学家、希典咨询资深顾问罗纳德·裴奇(Ronald Page)博士经过10多年的企业人事研究所开发的专门用于了解与工作相关的行为风格的个性心理测验。该测验已经过严格的信度、效度检验，被广泛应用于员工和管理人员的招聘和选拔、能力开发，以及职业生涯规划等人力资源管理领域。从1998年开始，该测验的中文版本就已编制完成，并在国内开始了严格的本土化研究和不断的修订完善。希典咨询于2002年初将该测验正式应用在领导力评估和人力资源咨询实践中，并开始大规模地在中国推广应用，目前已获得众多客户的高度评价。

WBI测量的主要指标

1. 外向性	2. 亲和力	3. 开放性	4. 认真负责性	5. 情绪稳定性
社交性	合作性	适应性	成就动机	自我控制
主导支配性	关心他人	创新性	主动性	压力容忍度
说服影响	交际手腕	分析性思维	坚韧性	自信
精力		独立性	关注细节	情绪的自我感知
			可靠性	
			遵从规则	

主要特点：

信度：21个指标的稳定性系数平均值为0.82，本问卷有很高的信度；21个WBI指标的信度中位数为0.85，在同类产品中处于高水平。

效度：WBI对行为风格和能力倾向界定的结构效度很高，并已在各类人员的选拔上建立了预测效度。

理论基础：以“大五”人格理论为依据，有坚实的理论基础；与丹尼尔·戈尔曼(Daniel Goleman)的“情商能力因素”有90%以上的对应。

（二）测试目的与邮件

工作行为问卷(WBI)是基于“大五”人格理论开发的测验工具。WBI 共有 8 种语言版本的在线测试，包含 240 道选择题，完成时间为 25～30 分钟，它测量 21 个与工作相关的个性特征、5 大个性维度和 3 个测试结果真实性指标；通过各种方式对这些特征进行分析，以了解个人潜在动机、行为特征、领导风格和影响力风格，从而帮助测试者更好地了解自己的个人特长以及与工作环境的匹配程度。

督导可以通过此报告，达到以下目的：

(1) 帮助和指导督导自我主导性的发展；

(2) 找到那些能够促进督导自己职业发展的特长；

(3) 确定督导需要加强培训和提高技能的特定领域；

(4) 鉴别出最有可能使督导成功的工作环境；

(5) 帮助指导督导职业选择以及做出职业转换的决定。

亲爱的××，

很高兴邀请您参加 WBI 测评，该测评源于经典心理学“大五”人格理论，旨在帮助您更加清晰地进行自我工作行为认知；同时以此为基础，为您提供后续的发展计划及更有针对性的培训，让您的工作能力得到更好的提升。

请按照作答说明，点击作答链接×××××××，并输入您的作答密码：×××××××，即可开始作答。这份测评大约会花费您 20 分钟的时间，请您尽量在无打扰的情况下进行作答，如果作答出现中断，请再次点击作答链接，并输入您的作答密码，系统会自动记录作答题号，从中断处继续进行作答。作答完成后，我们会把报告反馈给您。谢谢您。

（三）测试数据解读

为了从 WBI 的 21 个核心因素中找出与督导职责匹配的 7 个核心因素，在测试起初，督导计划将浦东 32 位督导分成两组。并且综合来看，A 组督导的综合能力要强于 B 组。分组的主要参考因素为：一是每半年一次的督导评估成绩；二是督导所承担的职务；三是督导对象给督导的评分；四是督导自身影响力，尤其是跨机构督导服务。表 3－1 展示了两组督导的 21 个核心因素的平均值对比。

表 3-1　A组与B组 21 个核心因素的平均值对比

五大类型	序号	21 个因素	A 组平均值	B 组平均值	A-B	绝对值顺序
外向型	1	社交性	56.81	45.81	11.00	4
	2	主导支配性	53.75	52.81	0.94	
	3	说服影响	49.50	39.31	10.19	7
	4	精力	43.63	39.63	4.00	
亲和力	5	合作性	55.50	56.25	—0.75	
	6	关心他人	66.44	63.63	2.81	
	7	交际手腕	56.19	60.88	—4.69	
开放性	8	适应性	61.00	50.44	10.56	6
	9	创新性	51.75	46.06	5.69	
	10	分析性思维	38.25	35.13	3.12	
	11	独立性	44.50	40.00	4.50	
认真负责性	12	成就动机	53.38	47.75	5.63	
	13	主动性	49.63	38.81	10.82	5
	14	坚韧性	48.19	44.50	3.69	
	15	关注细节	42.53	35.31	7.22	8
	16	可靠性	56.19	55.13	1.06	
	17	遵从规则	73.27	58.75	14.52	3
情绪稳定性	18	自我控制	54.13	51.88	2.25	
	19	压力容忍度	59.88	42.38	17.50	2
	20	自信	70.33	38.94	31.39	1
	21	情绪的自我感知	63.00	57.80	5.20	

（四）七个核心因素及合适标准

社会工作督导是一个提升社会工作效能的过程，其目的是协助社工具备清晰的视野，增进专业效能，提高士气及工作满足感，以完成专业使命，提高服务质量，最终使服务对象获益。

督导建模不仅要将两组的平均值作差进行数据对比，找出排序靠前的七个核心因素，还需要结合督导应该具备的核心能力，并参考《浦东新区社会工作督导师工作指引（试行版）》进行一些微调，对最终排序靠后的两个因素进行调整。

一是将“适应性”调整为“关注细节”。

尽管两组在“适应性”上呈现出一定的差异性，但很多督导都反映了“关注细节”在实际督导过程中的重要性。在建立关系时，督导对象的困惑以及言行举止，都需要督导用心倾听与关注。针对具体的问题，督导更是要通过一系列的提问，还原解决问题的实际过程，通过一些对细节的觉察，给到具体的指引与建议。为此，将排在第六位的“适应性”调整为“关注细节”。

二是将“说服影响”调整为“分析性思维”。

学者徐明心的研究显示，督导需具备五种特质：

（1）遵守社会工作者守则；

（2）具备专业及社会责任感；

（3）对自己、下属及服务对象持正面积极的态度；

（4）具备逻辑思维及理性；

（5）应不断学习，不时更新知识及技巧，听取上级意见，取得下属支持，与同事分享见解及向专家讨教等。

其中第四点特别强调了逻辑思维能力，所以将排在第七位的“说服影响”调整为“分析性思维”。并且，督导在实际开展工作的过程中，始终秉承“行为背后有原因”，具体是哪方面的原因，还需要督导通过具体的分析与探讨，找出真正的关键所在。

经过以上分析，督导计划最终确定了与督导核心能力匹配的七个核心因素，分别为社交性、分析性思维、主动性、关注细节、遵从规则、压力容忍度和自信。具体每个因素的平均值及合适标准见表 3 - 2。

表 3－2 七个核心因素及合适标准

四大类型	序号	7 个因素	平均值	合适标准≥ (平均值×0.8)
外向型	1	社交性	56.81	45
经验的开放型	2	分析性思维	38.25	31
认真负责型	3	主动性	49.63	40
	4	关注细节	42.53	34
	5	遵从规则	73.27	59
情绪稳定型	6	压力容忍度	59.88	48
	7	自信	70.33	56
平均分			55.81	45

（五）七个核心因素基本维度详细解读

1. 社交性——容易与督导对象互动并建立良好的关系

高分者潜在优势	高分者潜在陷阱
亲切，容易结识督导对象，可以和很多不同类型的督导对象建立良好关系	可能会花太多时间在人际交往上，过分在意人际和谐而忽略了工作目标的完成
低分者潜在优势	低分者潜在陷阱
可以独立工作，不会因为督导对象额外的需要而影响到督导工作的开展，不会花很多时间闲聊	会让督导对象觉得难以理解，难以建立适合督导工作开展的支持网络

2. 分析性思维——归纳/演绎思维

高分者潜在优势	高分者潜在陷阱
依靠事实而不是直觉来进行决策；能事先预测督导过程中会碰到的问题，并做相应准备	可能会有过度分析督导问题的倾向，花费过多的时间去收集信息
低分者潜在优势	低分者潜在陷阱
在按照常规和标准流程开展工作的情境下可以有效地工作	可能过分依靠直觉和先例，难以识别事物之间的联系

3. 主动性——无需他人要求便主动开始行动

高分者潜在优势	高分者潜在陷阱
主动承担额外的工作任务，无需别人要求就主动自发地开展工作	当可以采取主动行为的机会很少时，可能会有挫败感
低分者潜在优势	低分者潜在陷阱
不会因为过于主动而增加做错事的概率，不太会偏离指定的工作任务	可能会拖延共组任务，甚至一直不采取行动；通常不会主动要求承担额外的工作任务

4. 关注细节——仔细、谨慎以保证准确

高分者潜在优势	高分者潜在陷阱
反复检查以保证准确性，避免因为粗心而出错；督导工作有序，保持详细的记录	可能会过分关注细节而忽略战略性的问题，可能会花费过多的时间检查不必要的细节
低分者潜在优势	低分者潜在陷阱
不会把时间浪费在琐碎的细节上，愿意将细节交给督导对象负责，不会让细节捆住手脚妨碍自己思考更宏观的、战略性的问题	错误可能会被忽略，需要督导对象帮忙检查工作细节；工作安排得杂乱无序

5. 遵从规则——尊重和遵守规则和规定

高分者潜在优势	高分者潜在陷阱
总是优先考虑道德的对错，而不是督导工作开展的方便；在各种情况下都能遵循规则和规定	可能会被视作不灵活，或对督导对象具体的情况(需求)不够敏感
低分者潜在优势	低分者潜在陷阱
愿意质疑规则和规定，或选择性地遵守；当不同意规则时，愿意考虑“通融”的方案以开展督导服务	会质疑或违反规则或规定，可能给督导对象或同事以不值得信任或做事缺乏底线的印象

6. 压力容忍度——应对压力情境

高分者潜在优势	高分者潜在陷阱
在巨大的压力下仍能保持冷静和工作效率,不会担心已经发生的问题,遇到挫折后能迅速振作起来	可能会忽略那些对于督导对象而言压力较大的情境,可能会从事令督导对象感到压力的工作任务
低分者潜在优势	低分者潜在陷阱
很容易就意识到督导工作中的压力;为了减少压力,会去引起督导对象或其他相关同事的注意	在工作压力大时,可能督导效率较低;可能会反复思考督导过程中所犯的错误而无法释怀,造成在新的督导任务中无法展现高效率和高干劲

7. 自信——成功应对挑战的信念

高分者潜在优势	高分者潜在陷阱
相信能应对各种挑战并取得成功;对督导自身的未来充满信心;不轻易退却,有进取心	可能会因过于自信而使督导对象或同事有受威胁感;会接受不可能完成的任务;在督导对象看来过于自信和傲慢
低分者潜在优势	低分者潜在陷阱
不张扬的特点使督导们能较好地“融入”团队;不觉得有必要在督导对象面前捍卫自己的观点	对于成功的可能性抱消极悲观的态度,可能因此会妨碍督导寻找新的机会,特别容易气馁

（六）测试感言

期待的自我

上海中和社区矫正事务所　L社工

作为浦东社工协会的助理督导,我参加了WBI督导核心能力发展工作坊。在拿到测试结果前,我暗自猜测自己应该属于比较中庸的一类,按部就班,循规蹈矩。拿到报告后,却有点“傻眼”了,自己的许多分值都偏低,有些甚至很低。自己虽然不是那种非常主动、精力旺盛的人,却也没想到这些要素的分值会如此之低。潜下心来,结合老师的解析剖析自我,我发现时间和经历的确会改变一个人的许多性格特质。幸运的是,通过这次测试,我看到了现在最真实的自己,而更幸运的是,这些性格特质可以被有意识地改变。作为一名督导,如果长期是一种被动的性格,那么肯定没办法更好地胜任这份工作。所以,给我两年时间,我要华丽转身,成为那个能够主动采取行动的我。

期待遇见两年后的那个我!

以“已”为镜，方可远行

上海浦东新区我和你助残服务社　C社工

古人云：以铜为镜，可正衣冠；以史为镜，可知兴替；以人为镜，可明得失。

一周前，我有幸参加了浦东社工协会与迈恩图咨询联手开展的 WBI 测评工作坊。在现场，通过 WBI 五大维度与 21 个能力因素的剖析，每个人对现阶段的自己有了全面、客观的认识。在此，我以“以人为镜”为切入点谈谈感受。此处的“人”不是别人，正是自己。作为从事社会工作的你、我、他（她），是否也应该时常以“己”为“镜”，正正衣冠（反思专业形象）、知知兴替（反思专业教训）、明明是非（反思专业价值）呢？

繁杂而又忙碌的实务工作与行政压力时常牵绊着我们，但我们有时确实应该停下脚步、照照“镜子”，这既是对个人健康的负责，同时也是专业反思的另一种“打开方式”。毕竟社工之路漫长而艰辛，没有做好准备，又怎能远行呢？

了解自己，做更好的自己

上海乐耆社工服务社　G社工

这是一次不同于以往的测试体验。做 WBI 工作行为测试实属第一次，满面的题目做完，确实有些眼花，但我获得了一份非常详细的分析报告和一场非常有趣的分享。

从测试结果来看，确实是如此，又有些意外。我对自己不够自信的一面在结果中很是清晰。而我喜欢与人合作，也知道我人缘还不错，原来是我的亲和力比较高的缘故！一条条的分析，总是能点出重点，分析到位。

在我觉得挺了解自己的时候，往往会忽略或是规避某些不足或是问题，如今这些客观数据使我对自己有了更深刻的了解，也给了我一个新动力和新目标，让我更加清楚且明确在未来工作中该往哪个方向继续学习和努力。

督导，一棵同样需要光照的大树

上海乐群社工服务社　Z社工

“督导是谁？”“一名优秀的督导所应具备的能力模型是什么？”“我成为一名督导的优势和不足在哪里？”带着这样三个问题，我们开启了一场探索自我、互相补足的督导核心能力学习之旅。

针对督导的七个核心因素，仔细解读报告，我发现自己在“主动性”和“关注细节”方面比较欠缺，也就是自身的成就动机需要加强；同时在细节上需要精益求精，做好每一件小事，才能获得更大的收获和成长。在接下来的服务和督导过程中，我要时刻提醒自己这两个关键词。

仔细回想，我还发现整个引导式培训的方法有很多值得自己学习的地方，比如：善用各类卡片，在选择和解读卡片的过程中相互了解，加深认识；针对不同的题目分组进行循环式探讨，更有效率地找到了关于“督导”这个命题的解答；“成果树”让每个人明确了自己接下来的成长目标；等等。

督导对于社工而言有支持、指导、陪伴等作用，我们常常倾尽全力去帮助同工。然而不容忽视的是，督导同样需要关心、尊重、滋养和成长。现在，我越来越喜欢“督导”这个身份，也想为了这个身份，不断自我探索，成长为一棵更有力量的参天大树！

第三节　督导选拔的实施

一、发布督导招募邀请函

2014—2015 年度“社会工作专业督导继续培养项目”督导师培养邀请函

尊敬的机构负责人：

您好！由浦东新区社会工作协会启动的“社会工作专业督导培养三年计划(2011—2013)”，在各方支持下，机构同仁、督导项目组、督导老师以及学员的共同努力下已顺利完成。为进一步培养督导人才，更好地发挥督导师在提供社会服务过程中的影响力，促进社会服务机构成长，推动社会工作专业化、职业化发展，受浦东新区民政局委托，浦东新区社会工作协会计划启动新一轮督导师培养计划，将邀请具有多年实务经验的资深督导负责助理督导师的培养。希望各机构负责人积极推荐本机构优秀人才。

二、机构推荐

项目	内　容	描述与分数					评　分	
		5 分	4 分	3 分	2 分	1 分	机构负责人	候选人
工作表现	对专业和工作的投入	认同感非常强	认同感比较强	认同感一般	认同感较差	缺乏认同感		
	工作量饱满度(工作量饱满度＝岗位有效工作时间/平均正常工作日×%)	非常饱满：90%及以上	比较饱满：80%～90%(不包含90%)	基本饱满：70%～80%(不包含80%)	不太饱满：60%～70%(不包含70%)	不饱满：60%以下		
	服务质量	工作突出，得到大家的认可	工作比较突出，得到部分人员的认可	工作水平一般	不稳定，时好时坏	工作散漫，无成效		
	领导才能	非常出色	比较出色	一般	不太出色	非常不出色		

续　表

项目	内　容	描述与分数					评　分	
		5分	4分	3分	2分	1分	机构负责人	候选人
工作表现	工作习惯	非常勤奋	比较勤奋	不紧不慢	比较消极怠工	完全消极怠工		
	工作配合度	非常积极主动	比较积极主动	一般	比较被动	非常被动		
	出勤情况	基本全勤	极少迟到	存在缺勤，但能提前告知	偶尔无故缺勤	经常无故缺勤		
	与资源提供方的协调能力	非常强	较强	一般	较差	非常弱		
人际关系	与同工的关系	非常受尊敬	比较受尊敬	相处融洽	不容易建立关系	难相处		
	与服务对象的关系	非常受尊敬	比较受尊敬	相处融洽	不容易建立关系	难相处		
	与上级的关系	沟通很顺畅	沟通比较顺畅	一般	偶尔关系紧张	时常关系僵持		
动力及态度	情绪稳度	非常沉稳	情绪稳定，能够较好控制	一般稳定	情绪偶尔不稳定	暴躁，情绪时常不稳定		
	工作积极性	非常积极	比较积极	一般	不太积极	非常不积极		
	创新及创意	优秀	良好	一般	较差	非常差		
专业技能	学习能力	非常迅速	比较迅速	一般	需经过较长时间吸收	吸收非常缓慢		
	组织及策划能力	非常强	比较强	一般	比较差	非常差		

续　表

项目	内　容	描述与分数					评　分	
		5 分	4 分	3 分	2 分	1 分	机构负责人	候选人
专业技能	判断能力	非常敏锐且合理	判断比较合理	尚算可靠	多数不合理	完全不可靠		
	文字处理能力	非常强	比较强	基本通顺	难以理解	笨拙且含糊		
知识	专业知识储备	丰富且精通	比较丰富	尚可满足需求	某些方面欠缺	基本不足		
	理论知识的应用能力	能够根据实际情况,恰当选择理论模式并予以应用	能够结合实际情况,较好地选择理论模式并予以应用	尚可结合实际情况,选择理论模式并予以应用	较难结合实际情况,选择理论模式并予以应用	不能结合实际情况,选择理论模式并予以应用		
总分								

三、组织专家考核

（一）无领导小组面试示例

综合分析(20 分)	组织协调(20 分)	人际沟通(20 分)
思路清晰;善于抓住问题的关键;分析问题深入全面;能有效、准确地把握和综合别人的观点	在讨论中能够求同存异;能够引导小组讨论方向、把握小组讨论进程、恰当地引导小组做好任务之间的衔接以及各个程序之间的转换;能够设法平息成员间的争议,推动小组形成一致的意见	能够耐心倾听;理解他人的情绪和观点;有策略地与他人沟通;态度和方式得体
情绪稳定性(20 分)	言语表达(15 分)	举止仪表(5 分)
面对压力和冲突时,能够沉着冷静、自我控制、积极应对	能够清晰地表达自己的观点和思想;语言生动流畅,能够有效地影响他人	穿着大方得体,言谈举止表现出良好的素养

（二）案例模拟面试示例

有关督导助理候选人之个人效能之评估	有关督导助理候选人之个人沟通能力之评估
问题1：在工作中，你是如何面对各种压力及挫败感的呢？ 问题2：你认为当前社会工作者所面对的种种困难是什么？你如何面对？作为督导，当社工遇到各种压力，你将如何应对？	问题1：为什么在社工专业中，拥有良好的人际沟通能力非常重要？ 问题2：当机构中的一名同工由于性格原因，与其他社工关系不融洽，作为督导你会如何处理这个问题？
社工的专业理念及伦理的评估	实务能力
问题1： 青少年社工甲与他的服务对象常常通过QQ来交流，这个QQ号也是社工甲与其他亲朋好友交流的平台。你作为社工甲的督导，会有什么疑虑呢？ 问题2： 有一名社工，虽然每天都会将项目的进展情况以日志的形式进行记录，但突然有一天督导发现，这名社工不仅日志在造假，而且项目压根就没有做。面对这种情况，你会如何处理？	问题1： 一名社工从工作以来一直没有写工作记录（至今已半年有余）。当督导得知这一情况后，告知这位社工再给他一个月的时间。结果，一个月之后他仍然没有写。为此，督导亲自找该项目负责人了解这名社工的基本情况，“很难管”是负责人透露给督导最重要的信息。遇到这种情况，督导应该如何处理？ 补充问题： 一名社工突然告诉你“我怀孕了”，或者“我要离婚”。作为督导，你会做何回应？ 问题2： 请举一个你针对服务对象的需要而设计的具体服务项目的例子

（三）笔试分数示例

专业特色(40分)	清晰的专业价值观，掌握伦理操守，坚守公平、公正原则
管理能力(30分)	清晰的管理概念，善于整合资源，能带动团队
督导能力(30分)	分析问题精要，给予适当督导

（四）笔试题目示例

题目一	林某在一个社区服务中心工作。这位同工在驻点提供服务，看起来努力开展了各类服务，但工作文字记录一向很少提交。跟同工沟通，同工反映驻点没有电脑可用，而且常常被驻点的合作单位的负责人安排其他任务，很难有时间整理文字资料。如果你是他的督导，会如何处理？
答题思路	如考生在下列思路上进行答题，可以得分： (1) 先了解及倾听同工的难处； (2) 尝试了解同工之前的处理方法； (3) 了解没有电脑或是被安排其他任务，哪个是主要原因，是否还另有原因； (4) 了解真正原因之后，与同工讨论应对的策略。 解决方案如下： (1) 真的是没有电脑，同工又没有及时提出。一方面管理层要思考，机构如何保持与外派同工的正常沟通，督导在当中如何发挥中间人的作用；另一方面，需要协调电脑的使用。 (2) 与合作单位进行主动且积极的沟通，如果合作单位不了解这位同工的工作，需要督导与同工一起与合作单位协调同工的工作内容，也需要进一步了解合作单位对同工的工作的期望，双方澄清彼此的期望，并达成共识

四、不合格的要发送婉拒信

婉拒信

尊敬的女士/先生：

您好！感谢您积极参与“种子计划”督导培训面试，您在面试中对我们此次培训的认可和重视给我们留下了深刻的印象。但我们非常遗憾地通知您，您未能入选此次督导培训人员队伍。

我们再次感谢您的参与，以后有适合的培训机会，欢迎您再来，保持联系！

祝您工作顺利！

浦东新区社会工作协会

××××年×月×日

第四章　督导的培养

请问：作为浦东督导培养计划的专家顾问，您如何看待浦东督导的培养过程？

我参与浦东新区社会工作协会举办的社会工作督导培养计划已经有六个年头了。

在这六年中，我与学员们都遵守着这样的“契约”：每隔一周，风雨不改，我们彼此都要放下手上的其他工作，不受其他人和事的打扰，安静地投入督导时间中。在督导过程中，我们会谈论工作上的处理方式与应对方法，并且从中总结出我们的经验。有时候，当我们遇上了困惑，我们会回到对社会工作本质的思考；有时候，我们会因大环境的“固执”而感到挫败，放声长叹，在迷茫中彼此鼓励；有时候，我们会交流我们的人生下一步要往何处去。

这就是真实的督导。督导培养计划让我们那陌生却又真实的生命，在一个特定的时空之下相遇；我们相互信任，相互学习，彼此帮助，为社会工作在本土的生根发芽而努力着。

回想当初的参与，一切好像在无意中自有一个规律在推动着，仿佛不需要你去争取。可是，当“任务”来了，你就不能以完成任务的心态来应付着，你必须全力以赴，承担好命运交付给你的使命！

如今，本土的年轻社会工作者都已经肩负起了育人的使命。盼望年轻的督导们在社会工作专业里，往下扎根，继续吸收新知识；往上开花结果，总结自己的经验，使社会工作专业得以代代传承！

浦东社会工作协会督导顾问　钱绮莲

第一节　督导流程与制度

在整个督导开展过程中，因为涉及委托方、承接方以及受益方等多个主体，为了保障督导工作实施的顺利，清晰的实施流程就显得尤为必要，以下是浦东新区社工协会开发实施的督导服务流程。

一、督导流程图

督导流程见图 4 - 1。

注释一：委托方与承接方协商。

委托方将自身对于督导项目的需求与目标告知承接方，双方沟通协商后，以项目协议书的形式确定项目的名称、目标、起止时间、双方责权、违约责任与争议处理。

注释二：承接方订立项目方案书。

订立项目方案书，主体内容涉及项目背景、项目目标、项目实施方案、项目评估、师资力量、项目预算、项目进度表等七部分内容。

注释三：督导学员选拔。

设计督导笔试、面试相应的评分表及评分细则。

注释四：选定督导师。

确定督导共识，明确督导服务协议中双方的合作时间、合作内容、保密事项以及督导服务同意书等。

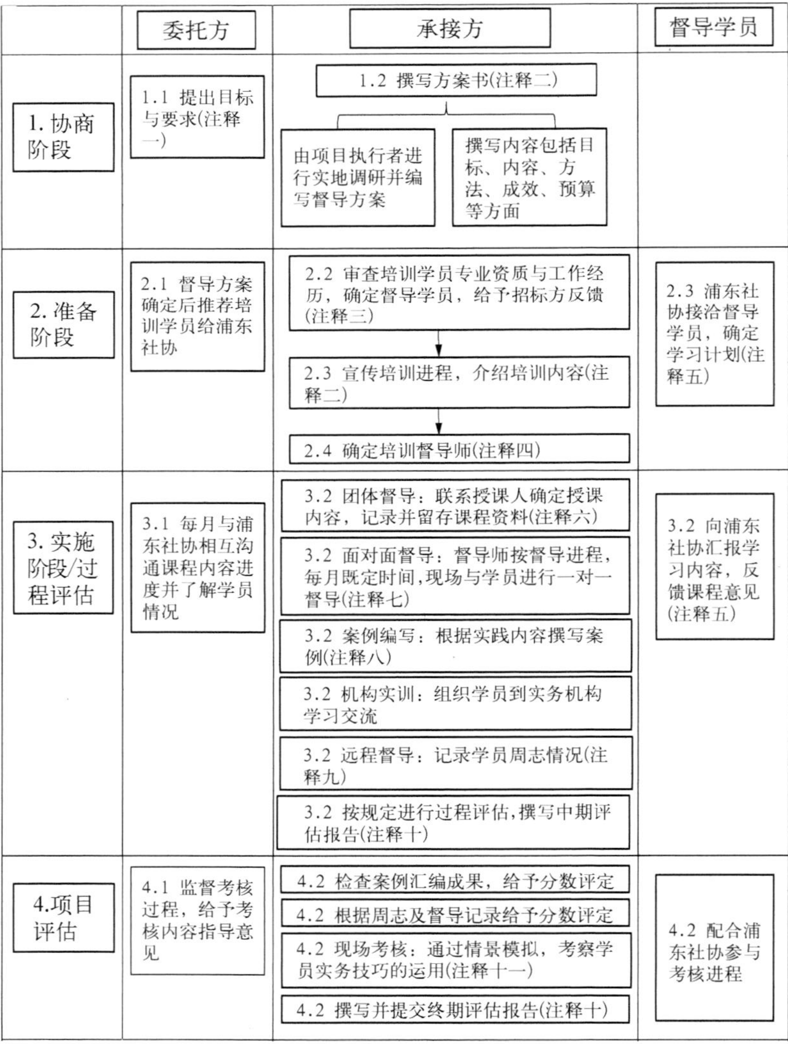

图 4－1　督导流程图

注释五：督导学员学习计划。

确定督导学员学习的目标、内容、方案以及成效。

注释六：团体督导。

填写相关材料，并及时归档整理。材料包括团体督导进程表、授课老师信息表、简讯、课程满意度汇总等。

注释七：面对面督导。

督导每月一次与学员进行一对一交流。学员依此记录督导主要内容、督导提及的意见和学员的信息反馈。

注释八：案例编写方案。

根据督导学员在日常工作过程中所实践的督导内容，编写督导案例。

注释九：远程督导。

根据督导学员每周提交的周志内容，总结本周的主要工作内容、反思、下周计划及对上周的回应。

注释十：评估。

项目进程中根据项目已开展的情况，陈述相关活动内容，并介绍项目评估、学员成长与反思内容。

注释十一：案例考核。

通过组织督导学员参与案例模拟考核，考察学员在沟通技巧、专业理念、督导技巧等方面的能力。

二、承接方制度

（一）机构制度

浦东社工协会作为已开展督导培养项目的承接方，其项目开展目标主要包括以下四个方面：提高社会工作专业督导能力，提升社会服务质量，促进社会组织成长，推动社会工作专业化、职业化发展；提升现有督导及潜在督导的社会工作理念，提高实务知识及能力；提高社会工作专业督导能力，包括行政、教育和支持等功能；探索、研究督导培养的方法及模式。

为了更好地完成既定目标，浦东社工协会在项目不同阶段制定了不同制度（见表 4－1）。

表 4－1　浦东社工协会不同阶段的机构制度

项目准备阶段	经所在机构负责人及分管督导推荐，并且通过督导专委会资格审核小组的面试考核，招募各个社会服务机构一线社工若干名作为被督导对象
项目实施阶段	进行培训讲座、一对一督导、案例采集工作，并且每周提交周志，每月提交月督导记录；安排学员进入优秀的实务机构进行实训，机构内督导进行指导与带教，直接接触项目运行与活动开展
项目评估阶段	通过培养过程中的表现、督导案例撰写、案例模拟考核三种方式对督导进行考核，从中选出合格的督导学员

（二）工作人员制度

（1）起草项目所需的相关协议，如订立项目方案、确定案例编写与考核等项目的相关协议。

（2）对项目各个环节进行跟进，随时了解项目的进展情况及存在的问题。

（3）及时向督导学员发送项目委托方、承接方以及督导老师所做出的相关决定及要求。

（4）协助督导老师及督导学员做好个案督导、小组督导及工作坊等工作。

（5）负责与项目相关的会议场地的预定工作，并对每次项目召开的会议做好会议记录并归档。

（6）每日查收督导培养计划的学员日志及督导反思等，并做好文件的归档工作。

（7）每月查收月督导记录和督导月志表格，对督导学员的学习情况进行总结并反馈给项目委托方。

（8）负责机构实训参访机构对接、人员住宿、交通安排工作。

（9）按项目既定周期撰写工作总结报告以及期中或年度总结报告。

三、督导老师制度（督导老师工作职责描述）

（1）工作关系：督导老师直接对浦东社工协会负责。

(2) 工作目标：协助浦东社工协会制订社会工作专业督导人才队伍之发展计划；提供社会工作督导服务，就社工理念、社工管理、服务模式、工作程序和标准等事项提供具体的指导服务，以促进浦东新区的社会工作专业化发展；提升一线社工的督导能力与水平。

(3) 督导服务：督导老师应在培训期间持续为学员提供专业督导服务；督导老师应协助浦东社工协会项目组完成学员的招募、评估等工作；督导老师应及时回复学员的督导日志、督导反思及日志；在项目结束前一个月提交当年度总结报告。

(4) 联络：督导老师应作为浦东社工协会与督导培养计划学员之间的联络人，保证双方在规定的时间内及时知晓项目进展及其他跟督导培养有关的情况。

(5) 意见和建议的表述渠道：督导老师可以向督导项目负责人提出对培训学员的意见和建议；督导老师可以向浦东社工协会秘书长提出对项目负责人的意见和建议。

(6) 其他：完成督导培养项目的其他任务；在推行督导培养项目过程中产生的文字资料为双方共同拥有，公开发表需经过另一方同意。

四、督导学员制度(学员工作职责描述)

(1) 工作关系：学员直接对督导老师及浦东社工协会负责。

(2) 工作目标：根据督导培养计划的有关协议，督导学员应为一线社工提供直接督导服务，并保持与浦东社工协会、督导老师、其他学员以及一线社工之间的和谐关系。

(3) 直接服务：督导学员应在学习期间继续给自己的服务对象提供直接服务，包括个案、小组、活动等；督导学员应对直接服务做详细的记录，并及时上交给督导老师和浦东社工协会。

(4) 督导服务：督导学员应接受督导的直接督导和督导老师的间接督导；在规定时间内向督导提交日志、督导记录等所有工作情况记载；接受每周一次的个别督导（面谈或实地观察），并做督导记录；参加所有的小组督导、工作坊、拓展训练并做详细记录；根据督导培养项目的要求，管理好各类文档；根据督导培养项目的要求，提供自评报告、心得总结、案例研究等报告。

（5）联络：督导学员应主动与督导、督导老师以及浦东社工协会保持联络，保证双方及时了解跟督导培养有关的情况；督导学员应作为督导培训项目中浦东社工协会与所在机构的联络人，保证双方在规定的时间范围内及时知晓项目进展及其他跟督导培养有关的情况。

（6）意见和建议：督导学员对督导项目提出的意见和建议，对于项目的开展是大有裨益的；督导学员可以向督导老师、督导项目组以及浦东社工协会提出对督导老师以及督导项目组的意见和建议。

（7）其他：完成督导培养项目的其他任务；在推行督导培养项目的过程中产生的文字资料、总结性文章等属浦东社工协会所有；督导学员须做好保密工作，如有公开发表的需要或其他用途，需要向浦东社工协会提交书面申请，在取得浦东社工协会同意之后，方能使用。

五、委托方制度

委托方将自身的对于督导项目和培养目标的需求告知承接方，承接方依据委托方的要求策划并实施项目。委托方在整个项目开展过程中的主要工作集中在评估阶段。

（一）督导培养意见反馈调查示例

学员姓名		督导老师	

1. 您认为浦东社工协会督导培养计划的培训内容如何：
   A. 很好　B. 较好　C. 一般　D. 较差　E. 很差
2. 您认为浦东社工协会督导培养计划的培训形式如何：
   A. 很好　B. 较好　C. 一般　D. 较差　E. 很差
3. 您认为督导的时间是否合理：
   A. 很合理　B. 较合理　C. 合理　D. 不合理
4. 您认为督导的频率是否合理：
   A. 很合理　B. 较合理　C. 合理　D. 不合理

续　表

5. 您认为督导的地点是否合理：
A. 很合理　B. 较合理　C. 合理　D. 不合理

6. 您认为督导培养中所用的表格（如记录表、反思表等）及文书格式（文件命名格式等）是否便于使用？如果不够合理，您觉得哪些地方需要修改：
______

7. 您认为督导培养中所签署的协议内容是否合理？如果不合理有哪些地方需要修改：
______

8. 您认为督导培养中对于种子学员的职责要求是否合理？如果不合理有哪些地方需要修改：______

9. 您认为自己在督导培养过程中，主要得到督导老师以下哪些方面的帮助（画"√"表示）：
A. 支持：情绪支持（　）　其他（　）
B. 教育：协助了解服务对象之行为及需要（　）
反思理论与实务结合（　）　提供实务建议（　）
讨论及澄清社工概念（　）　协调及发掘社区资源（　）
协助与服务点之工作配合（　）　其他（　）
C. 行政：项目开发与申请（　）　项目管理（　）
人事管理（　）　绩效考核（　）
经费管理（　）　其他（　）

10. 您的督导老师在哪些方面存在不足：______
______

督导培养的受训心得：
（1）微观技巧获得提升；
（2）有一定的成长和收获。

对接下来培养计划的意见和建议：
（1）与督导机构做好沟通协调工作；
（2）由于培养督导年限、岗位和资质不同，希望培养计划能根据个人在本职机构的岗位进行个人职业规划，设定培训及发展目标。

（二）督导老师与其所属机构签署同意书

督导服务机构同意书

同意本单位督导________参与________________负责的______督导服务，并愿意在不影响本机构正常运营的前提下做好协调工作。

机构名称：（机构盖章）

负责人：

第二节　直接督导

直接督导是通过督导老师与督导学员之间的现场互动，督导学员对与督导内容相关的理念、知识与技巧进行直接学习的过程，一般包括面对面督导、小组督导和机构实训三种形式（见表 4－2）。

表 4－2　直接督导的三种方式

直接督导	面对面督导：由持证的督导老师带领学员，每月定期开展一次 2～3 小时的个别督导服务。对学员的专业素养、理论基础、实务操作以及督导技能进行一对一直接指导
	小组督导：由督导老师带领被其督导的学员，围绕日常工作所面临的各种问题。结合学员日常工作中的所做、所学、所想，以小组讨论的方式进行分享，学员可以积极自由地提出自己的问题、观点和建议
	机构实训：组织学员进入实务机构进行实训，安排机构内督导进行指导与带教，直接接触项目运行与活动开展

一、面对面督导

在面对面督导中，督导老师和学员共同商定督导方案，订立学习计划。

（一）制定督导方案

督导方案的制定包括四个方面的内容：（1）进行督导需求分析；（2）订立督导目标；（3）明确督导内容与督导方式；（4）描述预期成果。示例见表 4－3。

表 4－3　督导方案

学员	督导需求分析	督导目标	督导内容及督导方式	预期成果
姓名：××× 所在机构：×××××	描述同工的具体情况： 同工为×××职业，×××职称。 新学期负责一门选修课，主要向学生介绍社会工作的理念及长者社会工作内容。	1. 认识社会工作专业内容； 2. 掌握长者服务的理念及技巧；	针对目标 1： 督导内容： 介绍社会工作的理念、核心价值观及工作守则。	针对目标 1 及 2： 制作一门选修课的课件

续　表

学员	督导需求分析	督导目标	督导内容及督导方式	预期成果
姓名：××× 所在机构：××××××	同工目前受政府委托，对于社会组织进行的创投项目进行督导，主要是指导该批社会组织如何有效运作，提高服务水平。同时，在督导过程中，同工需要向督导的机构示范如何开展青年义工小组来服务社区的独居老人 需求： 同工对社会工作理念及方法未能充分了解，以致影响他在选修课的讲课内容； 同工没有社工一线服务的经验，因此，对督导其他社会组织的服务显得有点力不从心； 同工需要向社会组织示范运作一个青年义工小组，让被督导的社会组织直观地了解义工小组的运作理念及方式	3. 掌握小组工作理论及方法	督导方式： 讲课，介绍相关概念；布置任务，阅读介绍社会工作理念之书籍；在个别督导中讨论选修课的课件内容。 针对目标 2： 督导内容： 认识解释长者行为特点之理论；认识长者心理、生理及社交之变化特点；掌握与长者沟通之技巧及原则 督导方式： 布置任务，阅读介绍长者社会工作概念及技巧之书籍； 在个别督导中讨论选修课中有关与长者沟通的课件的内容。 针对目标 3： 督导内容： 掌握小组的种类，小组的特性，小组的发展阶段特征，领导者需要注意的技巧以及小组计划书撰写的步骤、流程及原则。 督导方式： 布置任务，阅读有关小组工作的书籍及案例并讨论其中的重点；指导同工撰写小组计划书；指导同工根据小组计划书开展服务，并讨论在小组工作过程中的带领技巧	针对目标 3：整理一套青年义工小组服务资料（包括一份计划书，一次小组过程纪录，一份小组总结）

（二）订立学习计划

学习计划包含学员的学习目标、学习内容、具体的实施方案以及成效等方面。示例见表 4 - 4。

表 4 - 4　学员个人学习计划

<table>
<tr><td colspan="4">说明：社会工作者在服务中要掌握社工的角色及定位，对社工的理念、价值观及工作方法必须内化，并且要能够通过实务工作进行实践。本学习计划的总方向是通过与学员共同商讨，将一线服务作为督导材料，协助学员掌握社会工作者的角色、理念/价值观及工作方法，从而提升学员的社会工作专业能力</td></tr>
<tr><td colspan="2">单位</td><td>学员姓名</td><td>时间</td></tr>
<tr><td>学习目标</td><td colspan="3">（1）扎实做好社工实务：深入学习社会工作的技巧和方法，积累丰富的社会工作实践经验；
（2）认真做好督导工作：掌握督导实习社工的技巧和方法</td></tr>
<tr><td>学习内容</td><td colspan="3">（1）针对老年人开展社工实务；
（2）针对护理员、护士等服务人员开展活动；
（3）志愿者管理；
（4）针对实习社工的督导</td></tr>
<tr><td colspan="4">具体实施方案</td></tr>
<tr><td>序号</td><td colspan="2">具体内容及学习量</td><td>可行方法/途径</td></tr>
<tr><td>1</td><td colspan="2">（1）加强志愿者管理工作。
（2）制作《义工服务指南宣传册》：完善义工登记表及服务时间记录表；制作义工服务操作流程图；完善服务需求清单；完善义工表彰制度；制定义工预约登记制度</td><td>围绕《义工服务指南宣传册》，梳理义工管理制度，完善义工操作流程，明确服务对象需求，加强志愿者的跟踪服务</td></tr>
<tr><td>2</td><td colspan="2">实务的开展方面，开展 2 个小组活动：
（1）学习撰写小组计划书；
（2）学习小组执行之方法和技巧。
督导学生方面，做好 3～4 名学生的带教工作：
（1）学习指导学生撰写学习计划之步骤及技巧；
（2）学习给学生布置具体任务，督促其在指定时间之内完成“社区需求调查”报告；
（3）根据学生特点，指导学生设置相关活动，回应服务对象的需求，并针对计划书及带领技巧进行督导</td><td>×月，针对老年人开展怀旧小组活动；
×月，针对护理员、护士开展减压、分享、培训等相关活动；
督导方面，根据学生的需要和机构的需要，指导学生合理制订实习计划，在调查需求、与人沟通、建立关系、开展活动等方面对学生进行指导，做好带教计划</td></tr>
</table>

续　表

3	志愿者表彰大会的筹备、开展： （1）撰写“义工表彰大会”活动计划书； （2）招募义工，协助完成义工表彰会； （3）制作“义工动人故事”宣传册或动感 PPT 相册	×月，开展一场志愿者表彰大会，运用志愿者或实习学生资源。×月下旬，进行相关活动的筹备工作，营造志愿服务氛围，宣传志愿服务精神；×月，通过文字报告或与督导交流的方式，梳理小组活动经验、督导经验，认真进行半年以来的实习总结评估
成效	（1）志愿者管理方面：希望能够在志愿者管理方面，梳理并完善志愿者服务制度，形成合理有序的局面，尽量让志愿者人尽其才，做实事，有收获，让服务对象获得所需要的志愿服务，让福利院的志愿者管理有序进行；年底开展一场志愿者表彰大会，表彰一批为福利院做出较大贡献的志愿者团体、个人，在条件允许的情况下印刷好人好事志愿者宣传等方面的小册子，营造志愿服务氛围，宣传志愿服务精神 （2）实务开展方面：通过开展针对老年人的小组活动，为老年人带来更多的生活体验，让他们对人生有个很好的回顾，对未来的生活有积极健康的期望；另外，通过梳理小组活动经验，进一步提升了自身的实务能力，并能指导设计更多适合服务对象的活动，同时为督导学生或同工提供更多经验；开展一期针对护理员的小组活动，主要围绕为护理员、护士解压，善待服务对象、营造职工之间的团结互助氛围等方面展开，希望能够通过活动的开展，让护理员更轻松、更愉快地投入工作，提高工作效率，改善工作态度，进而提高为老服务的质量和水平。在护理员、护士方面开展的活动较少，希望能体验带组工作，为以后的活动开展积累经验。 （3）督导能力方面：更深入地掌握督导技巧，让实习学生能够将理论更加灵活地运用于实践，让他们真正体会到一名社会工作者应该如何去做；根据实习计划，加强对学生的指导，增强学生在调查需求、活动计划书撰写、个案访谈、带领小组等方面的技巧和方法，在文书工作方面加强指导，力争让实习学生在实习结束后有一定的成长和收获	

二、小组督导

小组督导过程主要包括：（1）主要督导及过程；（2）学员督导语录；（3）思考及评估。示例见表 4－5。

表 4－5　小组督导记录表

名称	时间	地点	主带人	参与人数
主要流程及内容	1．每个人介绍一下自己最近一段时间在工作、生活、情感方面的变化（每人 2 分钟）			
	2．由×××带领播放讲解×××			
	3．同工分享			

续　表

个别学员及督导语录	×××：咬一咬牙就过去了！ 督导：我们今天所做的这些分享，这些文字摘录是我们自己所特有的，是原版，我们是版权所有人，是教科书中所没有的，都是我们的成长经历。 ×××：督导可以让我跳出来看问题，我们在潜移默化中发生了改变，开始能站在更高的角度看问题。 ×××：我觉得工作把生活都给“吞”了，自己的生活没有了！ ×××：参加培训是个人发展的一部分，几个月以来我发现这两者之间没有冲突。“种子计划”是一个平台，我们借助这个平台来完善我们的专业能力，让我们以后有更好的发展。 ×××：参加培训对我们来说有很大的帮助，在我和我老板解释之后，他很支持我。有时老板遇到问题，他还会问我这个问题是否可以咨询一下你们的督导。 ×××：管理与服务之间并不矛盾，社工服务的目的是帮助这个团队更好地管理好它自己
思考及评估	(1) 从学员投入来看：学员都积极、专注地投入本次小组聚会，在督导老师的带领下认真分享，发表自己的意见。 (2) 从小组氛围来看：整个小组氛围良好，一直保持着积极、热情、向上的氛围。 (3) 从分享内容来看：内容丰富多样，既有事件、经验、督导过程的分享，也有新知识、新技巧的学习，给学员提供了丰富的学习经验。 (4) 从督导形式来看，采用单个学员带头进行主题分享的方法，不仅给学员提供了一个良好的展示、锻炼、分享的平台，也使学员获得了其他学员正向的直接反馈与赞扬。 (5) 本次小组聚会总体上取得了良好的成效。 (6) 正像督导所说的，在分享的过程中，他也更好地了解到自己的督导方式和督导风格，完善了自己的督导技巧，提高了自己的督导水平。 (7) 由一位学员带领分享(与企业合作的项目经验)的效果很好，不仅让其他学员学习了一些经验，也锻炼了学员的督导能力，培养了学员梳理自己的工作经验并进行很好的分享的意识，提升了学员的自信心
与督导的讨论反思	(1) 督导认真浏览了我做的PPT，并做了一些修改，让整个PPT完善了很多。 (2) 刚开始督导就让我们玩了一个小游戏——解环。我拿到这些链环之后就开始认真去解，由于我太投入以至于我觉得时间过得非常快。原来督导是想用这个游戏告诉我们：对某件事情或某项工作专注的程度与所感觉的时间的速度之间存在一定关系，进而也就让我想到如果我们在工作中表现出极大的热忱、专注和投入，那么我们就不会觉得工作乏味、单调、辛苦了，工作的幸福感和成就感也就会大大增强。 (3) 我在整理学员日志、督导记录的时候发现，两位督导老师有不同的督导风格。一位督导老师倾向于采用辅导性、启示型的方式进行督导；另一位督导老师倾向于采用指导、询问性的方式进行督导。什么样类型的督导是最好的督导，没有固定的形式，需要在督导过程中慢慢摸索，找出一条适合本土的社会工作督导之路

三、机构实训

机构实训的主要内容包含了督导学员对于实训内容的记述，主要用于澄清实训的目标及流程。表 4－6 为机构实训记录表。

表 4－6　机构实训记录表

<table>
<tr><td>个人简介</td><td></td></tr>
<tr><td>个人教育及培训履历</td><td></td></tr>
<tr><td>个人工作履历</td><td></td></tr>
<tr><td>期望实训学习点</td><td></td></tr>
<tr><td>实训总体目标</td><td></td></tr>
<tr><td>实训具体目标</td><td></td></tr>
<tr><td>希望浦东社工协会及实训机构予以配合的方面</td><td></td></tr>
<tr><td>你会怎样利用驻点的时间来达到你的学习主题？你会怎样规划这几天？请草拟一个详细的学习日程</td><td><table>
<tr><th>日期</th><th>见习内容</th><th>地点</th></tr>
<tr><td></td><td></td><td></td></tr>
<tr><td></td><td></td><td></td></tr>
<tr><td></td><td></td><td></td></tr>
<tr><td></td><td></td><td></td></tr>
<tr><td></td><td></td><td></td></tr>
<tr><td></td><td></td><td></td></tr>
<tr><td></td><td></td><td></td></tr>
<tr><td></td><td></td><td></td></tr>
</table></td></tr>
<tr><td>期望安排的探访点</td><td></td></tr>
<tr><td>以上探访点是否配合你的学习主题？
你会怎样利用这些探访机会达到你的学习主题？你期望在探访的时候知道什么？你为什么要知道这些？你会问些什么问题来满足自己想要知道的事？请草拟你打算提问的问题</td><td></td></tr>
</table>

续 表

我们会在学习结束前，举行一个分享会，请你将自己的实训心得和收获与其他学员进行分享并讨论。请构想一下你要分享的主题	
联系方式	
电子邮件	

第三节 间接督导

随着现代科技水平的不断提升，邮件、电话、视频等方式为督导过程的持续开展提供了重要技术支持，督导与督导对象在微信、QQ等通信媒介上的互动交流也愈发频繁。因此，除了面对面、小组等直接督导的形式以外，本节也将呈现诸如工作周志、每月督导记录、同伴督导、推荐阅读和电话邮件等“间接督导”的形式。

一、工作周志

督导学员通过对本周主要工作内容的记叙，引发本周工作过程中的反思，而后订立下周的主要工作计划，最后对督导就上周周志提问或分享的内容进行回应。表4-7为工作周志记录表。

表4-7 工作周志

<table>
<tr><td colspan="2">姓名：×××
机构：×××
工作时间：×××</td></tr>
<tr><td colspan="2">（督导在修改内容时直接用其他颜色的笔在学员填写的内容后批注；对于督导老师提出的问题，学员可在下周周志中进行回应）</td></tr>
<tr><td>本周主要工作内容</td><td></td></tr>
</table>

续　表

本周工作过程中引发的反思	
下周主要工作计划	
对督导在上周周志中的提问/分享的回应（第一周不用填写）	
督导签名： 日期：	

二、每月督导记录

在进行完每月的一对一督导后，督导学员需记录与督导老师讨论的问题、督导老师给出的意见以及社工在听取完督导意见以后所做出的反思。表 4－8 为督导记录表。

表 4－8　督导记录

督导			
日期时间		地点	
督导对象		职务	
机构名称			

督导流程	
内容 1	对“流金岁月”怀旧小组活动计划进行指导，重新梳理了内容脉络、活动技巧等
督导意见： （1）重新确立小组目标，即促使老人重新认识自我、肯定自我价值，重拾生活乐趣，建立积极乐观的老年观。 （2）每节活动内容需要围绕活动目标这个框架进行，引导组员认识到积极、乐观、正向的方面，并加以强化；示范如何从组员的发言或经历中寻找积极的方面。 （3）在小组活动中注重三个要素：一是主题设计，二是善用小组动力，三是现场发挥	社工反馈： 对小组计划进行重新梳理，围绕督导的指导，紧扣目标，加强正向化的引导，在主题设计方面多下功夫，加强现场的引导与发挥，同时善于运用同伴支持，加强小组动力，确保小组活动目标的完成

续 表

内容 2	对第一次小组活动进行总结归纳，并进行探讨
督导意见： (1) 对第一次小组活动进行简要回顾，并对督导意见背后的意义进行阐述； (2) 通过第一节活动，进一步了解组员的个性特点、对活动的参与情况等，善于运用正向资源； (3) 建议每节活动均可以记录能提高组员积极性的语句，并在组员中强调； (4) 指导活动记录的书写，在小组活动过程中，要描述是如何操作小组活动的，在内容分析、技巧介入或者个人感受方面，着重抓住印象深刻、处理得当或不太得当、需要进一步改善的事情，加强反思与领悟	社工反馈： 在以后的带组过程中，要提前摸清一些组员的情况，以方便应对小组活动中的各种状况；要尽力挖掘正能量，运用小组动力，充分发挥组员的积极因素；在活动记录的书写方面，更加注重对细节的把握与分析，加强自我感悟，促进技巧提升

三、同伴督导

由上一届督导学员确定一名督导对象，在督导老师在场的情况下，先由上一届督导学员对督导对象工作中的问题进行指导，然后督导老师再针对上一届督导学员的督导情况，从专业素养、理论基础、实务操作以及督导技能等方面进行指导。表 4－9 为同伴督导案例。

表 4－9　同伴督导案例

案例背景
Z社工（文中统称为督导对象）为一名社会工作硕士研究生一年级的学生，在一家综合性医院进行社工专业实习，每周实习 3 天，为期 10 个月。督导作为医院社工部的医务社工，为其提供督导服务。 督导对象本科修读心理学，有扎实的心理学知识，对于研究也很有兴趣，希望在医院实习的过程中把社会工作所学的理论与技巧运用于实务工作中，切实地帮助有需要的人们。 督导对象对医院实习有很高的期待，希望把自己心理学及社工的知识与技能运用在实际工作中。但在病房探访中，肿瘤患者及临终患者带给督导对象强烈的心理冲击；医学知识的缺乏与医院特殊环境的限制（较高的病床周转率及患者身体条件的限制），给督导对象带来挫折感。

续　表

在医院这样一个高度专业化的环境里，督导对象对于医务社工的角色定位较模糊，对于专业缺乏自信。

同时，督导对象发现课堂中学习的理论在本土化的医疗环境中的运用也受到限制，如何开展本土化的医务社会工作是督导对象感到困惑的地方。督导希望在10个月的督导过程中为督导对象提供教育性督导与支持性督导，帮助督导对象在实习中有所收获与成长。

问题/困惑

从与督导对象的沟通中，督导发现督导对象的困惑集中在以下三个方面。

(1) 融入医院的困惑：医院对于督导对象来说是一个全新与特殊的环境，如何面对生命与死亡对督导对象来说是很大的挑战；同时因为医学知识及医院环境的限制，如何融入医院的环境对督导对象来说也是一个很大的挑战。

(2) 医务社工的角色困惑：在医院这样一个高度专业化的环境里，督导对象对医务社工角色定位较模糊，对于专业不自信。社工需要独自完成工作或与其他医护人员进行团队合作，若需要与医护人员进行团队合作，如何与医护人员沟通，如何开展跨学科团队合作是督导对象面临的巨大挑战。

(3) 医院环境里开展本土化社会工作的困惑：督导对象对于实习期待很高，希望能将所学理论运用于实践中，但医院的种种限制使督导对象对于如何在医院里开展专业的社会工作产生很大的困惑，在医院环境里进行本土化社工实践是很大的挑战。

理论架构

针对督导对象的困惑，督导采用了任务中心模式为督导对象提供支持。任务中心模式把服务介入的焦点集中在为服务对象提供简单有效的服务上，帮助服务对象在有限的时间内实现自己所选定的明确目标。因此，督导着重在有限的督导时间内与督导对象共同设定清晰的督导目标，为其提供简要并有效的督导服务(教育性督导及支持性督导)。任务中心模式十分强调服务对象的自主性，因此督导在过程中充分发掘督导对象的学习意愿，并鼓励其对于学习及实践进行及时的反思。

督导目标

针对督导对象面临的困惑，制订督导目标如下。

总体目标：协助督导对象进行社会工作理论及实践的结合，深化社会工作理念，探索本土医疗环境中社工的方法及技巧的运用。

具体目标：

(1) 协助督导对象融入医院的环境：协助督导对象对于生命与死亡有更深的认识，主动学习更多的医学知识，更好地使自己融入医院的环境；

(2) 清晰医务社工的角色定位：在日常工作中协助督导对象思考医务社工的角色定位，体会跨学科团队合作的意义，并协助督导对象学习与跨学科团队成员的交流与合作；

(3) 协助督导对象探索本土化的医务社会工作方法：深化社会工作理念，协助督导对象反思理论与实践的结合，并探索本土化的社会工作方法。

四、推荐阅读

在日常督导过程中，我们发现直接与间接的督导方式对于督导学员专业水平的提升仍然有限。所以，我们通过推荐阅读专业书籍的方式，增强督导学员的理论基础与专业自信（见表4-10）。

表4-10　社会工作参考书单

书　名	作　者	出版单位
（1）现代社会工作理论	冯亚丽　叶鹏飞　译	中国人民大学出版社
（2）社会工作伦理——实务工作指南	隋玉杰　译	中国人民大学出版社
（3）回归信念——社工信念的实践	甘炳光　编著	香港城市大学出版社
（4）辅导与心理治疗	林孟平　著	上海教育出版社
（5）儿童青少年社会工作	李建英　范志海　译	华东理工大学出版社
（6）发展心理学	李祟德　主编	人民教育出版社
（7）闪亮人生——边缘青少年服务理论与实务探索	香港青年协会　编	禾麦（亚洲）有限公司
（8）小组工作导论	刘梦　等译	中国人民大学出版社
（9）小组辅导与心理治疗	林孟平　著	上海教育出版社
（10）老年心理与精神保健指南	李君　汪冰 杨莉　译	中国轻工业出版社
（11）安老与社会工作	朱佩兰　著	香港中文大学出版社
（12）辅导与老人心理	关锐煊　著	商务印书馆（香港）有限公司
（13）社区工作——理论与实践	香港社区工作教育工作者联席会议　编	香港中文大学出版社
（14）活动程序——计划、执行和评鉴	张兆球　苏国安　陈锦汉　著	香港城市大学出版社
（15）小组游戏：带领技巧——从概念到实践	甘炳光　编著	香港城市大学出版社

第四节　督导考核与认证

督导的培养本身就是一个前置性学习和训练的过程，获得资质的社工才能真正成为督导，才可以真正实施督导。督导不仅会影响到社工个人的成长，同样会影响到服务对象的成长。因此，对于督导的资质考核认定显得尤为重要。

一、阶段性考核

（一）考核方案

在督导培养的过程中，经过不同程度与模式的系统训练后，需要对督导进行相应的考核，以检验督导学习的成效。表 4－11 列举了某一督导项目的考核方案，客观描述了督导的考核过程。

表 4－11　考核方案

“××市助理社会工作督导师培养”项目自 2017 年 6 月份立项正式启动以来，项目组积极筹划并开展了多次集中式课程培训和面对面督导活动，取得了阶段性的成果。为了全面检测、评估学员们的学习成效及对相关督导知识技巧的掌握程度，及时总结、提炼专业督导的实践成果，拟计划对该项目第一年度学员的学习情况进行阶段性考核，具体方案如下：

考核对象	参加该项目的 10 位助理督导培养对象
时间安排	暂定于 2017 年 5 月开展，具体时间另行通知
考核内容与权重	督导案例（占总分 20％）：每位学员撰写一篇案例，将督导过程中要解决的核心问题，以文字形式呈现
	过程考核（占总分 20％）：包括培养过程中的表现、周志记录、月督导记录、出勤等情况
	案例模拟考核（占总分 60％）：现场进行案例模拟，由专家督导综合评分

续　表

<table>
<tr><td rowspan="3">考核具体要求</td><td>督导案例</td><td>真实性：案例所提供的工作过程、记录材料等需来源于实际督导工作，内容需真实有效，评述需公正客观
专业性：案例需采用社会工作专业手法，反映社会工作的具体流程，体现社会工作的专业理念</td></tr>
<tr><td>过程考核</td><td>纵观学员一年中参加面对面督导、集中式培训的各种表现以及平时作业的上交情况，从价值观、学习态度、实务技巧、反思能力、纪律性这五个维度进行全面考量</td></tr>
<tr><td>案例模拟</td><td>提前发布案例模拟的面试通知，现场有社工模特与面试者进行面对面督导模拟，每位学员面试时间约为 25 分钟，专家督导从沟通技巧、专业理念、督导技巧、回答评委提问这几方面给予综合评分</td></tr>
<tr><td>考核总分评定</td><td colspan="2">三项考核项目的分值均为 100 分，合格标准的界定内容分为两部分：(1) 单项成绩≥75 分视为合格；(2) 加权总分≥75 分视为合格
加权总分＝督导案例×20％＋过程考核×20％＋案例模拟考核×60％
合格标准需同时满足以上两部分。同时，被认定为合格的学员可以继续参加第二年的培养计划</td></tr>
<tr><td>督导案例考核细则</td><td colspan="2"><table>
<tr><th>时间</th><th>进　　程</th></tr>
<tr><td>3 月 1 日—3 月 14 日</td><td>撰写案例简介：简单介绍案例涉及的主要内容，让读者对案例有一个全方位的认识(300 字左右)</td></tr>
<tr><td>3 月 15 日—3 月 21 日</td><td>确定案例背景以及问题/困惑：交代督导在处理项目运作、社工专业方法运用方面的情况，个案的个人情况与家庭情况、小组缘起与执行情况，以及其他相关主题的情况等内容。同时对该案例存在的问题进行梳理</td></tr>
<tr><td>3 月 22 日—3 月 28 日</td><td>确定督导目标：为了解决相应的问题，提出兼具专业性与操作性的目标及预期成效</td></tr>
<tr><td>3 月 29 日—4 月 17 日</td><td>撰写督导策略与过程：将督导过程中运用的相关策略以及督导过程进行梳理</td></tr>
<tr><td>4 月 18 日—4 月 24 日</td><td>总结督导成效：通过前测与后测，展示督导效果</td></tr>
<tr><td>4 月 25 日—5 月 2 日</td><td>撰写社工反思：旨在对整个督导过程进行总结</td></tr>
<tr><td>5 月 3 日</td><td>交付督导案例初稿</td></tr>
<tr><td>5 月 8 日—5 月 15 日</td><td>督导案例修改</td></tr>
</table></td></tr>
</table>

续　表

<table>
<tr>
<td>督导案例
考核细则</td>
<td>
<table>
<tr><th>时间</th><th>进　　程</th></tr>
<tr><td>5 月 16 日</td><td>交付督导案例定稿</td></tr>
<tr><td>5 月 17 日—
5 月 23 日</td><td>督导点评：对督导案例进行全方位点评与总结（300～500 字）</td></tr>
<tr><td>5 月 17 日—
5 月 23 日</td><td>社工心声：叙述整个督导案例的过程与感想（300～500 字）</td></tr>
</table>
</td>
</tr>
<tr>
<td>过程考核
主要依据</td>
<td>
<table>
<tr><th colspan="2">每周工作总结</th></tr>
<tr><td>本周主要工作内容</td><td></td></tr>
<tr><td>本周工作过程中引发的反思</td><td></td></tr>
<tr><td>下周主要工作计划</td><td></td></tr>
<tr><td>对督导在上周周志中的提问/分享的回应（第一周不用填写）</td><td></td></tr>
</table>
<table>
<tr><th colspan="4">督导记录</th></tr>
<tr><td>督导</td><td colspan="3"></td></tr>
<tr><td>日期时间</td><td></td><td>地点</td><td></td></tr>
<tr><td>督导对象</td><td></td><td>职务</td><td></td></tr>
<tr><td>机构名称</td><td colspan="3"></td></tr>
<tr><td colspan="4">主要内容：
1.
2.
3.
<table>
<tr><td>内容</td><td>（与督导讨论的问题）</td></tr>
<tr><td colspan="2">督导意见
（督导给出的意见）</td></tr>
<tr><td colspan="2">社工反馈
（社工在听取完督导的意见以后所做出的反思）</td></tr>
</table>
</td></tr>
</table>
</td>
</tr>
</table>

续 表

案例模拟考核说明	在案例模拟考试前发布案例模拟的面试通知，现场有社工模特与面试者进行面对面督导模拟，面试者扮演督导角色，当场处理社工所面临的问题。每位面试者的面试时间约为25分钟。试题内容主要考察面试者在现场督导过程中所体现的社会工作实务能力。专家督导从人际关系及沟通技巧、专业理念、督导技巧、回答评委提问这几方面给予综合评分

（二）考核过程

依据考核方案，最终得出三种考核方式的考核依据与考核成绩。

1．督导案例

督导案例主要考察督导学员对督导过程的掌握情况，表4－12展示了一个督导案例考核的例子。

表4－12　督导案例考核

案例背景
社工机构内部进入一名新的社工。刚开始成为一名专业社工，如何去开展各项专业性的服务工作，实实在在地帮助服务对象，这是新社工需要面对的理论与实践如何真正结合的问题。 笔者此次的督导对象为项目组内一名社工系应届毕业的新入职社工，其主要的社工工作为承接社区中心会员服务项目。督导对象已经接手这一项目并运作管理了5个月的时间，在服务过程中针对服务对象的需求做出了诸多服务内容的调整。 此案例针对督导对象在项目服务操作过程中所遇到的困惑与问题，结合一个个实际的服务案例，帮助督导对象在工作中逐步建立更加具有社工专业性的思维模式，为督导对象提供更多实务工作中的建议，帮助其更好地将理论与实践结合起来。
问题/困惑
通过与督导对象在一对一面谈中的沟通交流，明确了督导对象在微观实务中所直面的问题，而这些问题也构成了督导的整体脉络。 开展社工实务工作，不仅仅是运作管理一个项目。作为一线社工，要直面服务对象开展服务：如何撰写活动计划书？如何做好与服务对象的沟通？如何做好活动的带领？如何明确社工在服务中的角色定位？
理论架构
此次的督导更多的是侧重于新社工的专业成长，督导以“优势视角”为此次督导的理论框架。“优势视角”是指“社会工作者所应该做的一切，在某种程度上要立足于发现、寻求、探索及利用案主的优势和资源，协助他们达到自己的目标，实现他们的梦想，

续 表

并面对他们生命中的挫折和不幸。这一视角强调人类精神的内在智慧，强调即便是最可怜的、被社会所遗弃的人都具有内在的转变能力”。 在实际的督导过程中，可以发现“优势视角”更加聚焦于督导对象本身的优势。督导对象是社会工作专业毕业生，拥有社工教育背景，对社工理念有一定的认识，因此在工作中会有意识地关注服务对象的诉求。并且，督导对象本身做事努力，也愿意学习，和服务对象能保持良好的关系；同时在前期的工作中，督导对象对社区有了一定的了解，社区相关资源也有所储备，具备良好工作的开端。督导的目标就是基于这个优势基础，以激发督导对象的潜能为出发点，协助解答新入职社工的职业困惑，协助发现更加适合的工作方法，最终达到专业目标，实现专业理想。
督导目标
总目标：通过整体的督导过程，逐步建立新社工的专业工作思维模式，更好地达到理论联系实际的目标。 具体目标： (1) 帮助督导对象了解实务过程中存在的问题，学习与服务对象的沟通技巧，提升沟通能力； (2) 结合服务过程中的实践案例，把握服务活动计划书的撰写要点及关键要素，提升计划书撰写能力的专业性； (3) 明确实务过程中社工的角色定位，把握服务带领活动中的要素，学习活动带领技巧； (4) 通过引导督导对象思考并帮助梳理实务小组工作的设计框架，完善督导对象的服务设计理念，提高其服务设计中的思考架构的完整性。
督导策略与过程
(1) 关注情绪，回应压力： 在个人督导及实地督导过程中，督导首先致力于与督导对象建立可信赖的督导关系，倾听督导对象在工作中的困惑与不安，以同理心回应，在面谈中不急于进行实务工作的指导，而是尊重其现阶段的情绪状态，以督导的自身实务经验鼓励督导对象去面对现阶段的困难及问题，疏解其工作中的压力，以便更好地开展之后的项目实务工作。 (2) 实务工作的引领与支持： 结合督导对象所撰写的活动计划书，督导与其共同梳理活动计划书撰写的要点(活动背景、活动目标、服务人群、活动内容、活动准备、可预见的困难及可能的解决办法、活动预算)。以活动目标的撰写为例，督导在面谈中，和督导对象讨论：活动目标分为总目标及具体目标，具体目标是为总目标所服务的，因此在具体目标的设计上，其指标是可量化操作的，且能进行前后测量对比；所有目标都是针对服务对象而言，以满足服务对象需求为导向，因此目标的设定与之后活动内容的设计也是一一对应的，可以较为容易地做到成效评估。

续 表

督导成效
关注人的需求，关注督导对象的优势。经过半年多的督导，督导对象有了一定的成长。 （1）“话”多了： 在前期的督导过程中，督导对象的表达较少，更多的是督导在给予情绪支持和实务的建议。但是，在督导的引导下，督导对象逐渐有所转变，开始不断地去表达自己在实务工作中的思考以及应对问题的方法，同时整体的情绪与状态也更加积极与开朗。 （2）“写”好了： 在计划书的撰写方面，从前期的设计、准备到具体的落笔成文，督导对象能够有完整的服务脉络，在满足服务对象需求的前提下，服务目标与服务内容一一对应，并且拥有较为完整的架构。
反　　思
在学习中督导，在督导中学习。对笔者来说，督导是一个互相学习与自我发现的过程。 （1）到底要督导什么内容呢？因为疑惑，因为不确定，所以会在面谈中不断去沟通，不断去确认，制定双方认同的督导目标。从中得到的启发是：督导一定是督导和督导对象共同沟通、彼此达成共识的过程，而非简单的“教与学”。 （2）督导是不断深化社工理念的过程。在督导过程中，一般是督导对象碰到问题，督导指导、引导其去解决遇到的问题，可是更加深层次地进行探讨之后就会发现，微观的实务问题，其根源是宏观项目设计的不足。社工虽然需要不断地去提高实务的技巧，但是也需要给自己更开阔的视角去看待服务背后的事情，学习如何从设计的初始去改变，一切服务的前提都是服务对象的需求。明确了所有工作的前提，社工才会有更具针对性的服务设计，也才会更好地开展微观的实务工作。
督导点评
在本案例中，督导能运用优势视角去发现被督导同工身上的优点，带领对方减低因资历较浅、对工作缺乏掌控而产生的无助感，抓住其努力认真、愿意学习的特性并将其作为督导的切入点，注重鼓励、陪伴和支持，帮助同工提升自信心，让服务技巧和手法有平台去发挥。

2. 过程考核

过程考核主要考察督导学员在日常学习过程中的表现（涉及与督导沟通的主动性、学习态度与学习主动性）、周志记录（涉及是否按时上交、文本格式是否规范、反思与回应是否充分有效）、月督导记录（记录内容是否翔实、社工反馈有无反思）、出勤（是否有旷课、无故缺席、迟到早退）等情况，对学员进行评估。表 4 - 13 为过程考核评分表。

表 4 - 13　过程考核评分表

序号	姓名	日常表现	周志记录	月督导记录	出勤	总分
1						
2						
3						
4						
5						
6						
7						
8						
9						
10						

3. 案例模拟

在案例模拟过程中，督导学员需要对社工模特进行指导，专家评委则从人际关系及沟通技巧、专业理念、督导技巧回答评委提问等方面进行打分。表 4 - 14 为案例模拟评分表。

表 4 - 14　案例模拟评分表

序号	姓名	评委	评估项目				总分（满分 100 分）
			人际关系及沟通技巧	专业理念	督导技巧	回答评委提问	
平均分							

（三）考核结果运用

最终考试总分和分项成绩都低于 75 分者中，将有 2 名被淘汰出局。

为了检验培养一年来的成绩，项目组邀请三位督导老师，通过案例模拟的方式，对10位学员进行面试。模拟面试主要侧重对“人际关系及沟通技巧”“专业理念”“督导技巧”三个方面进行考察。考察发现，与一年前的成绩相比，大家的能力总体上得到了提升。

二、认证性考核

经过三个阶段的考核后，最后是考核结果的呈现，考核结果包含分数和督导认证两部分。

（一）考核标准

考核标准主要涉及自评分、机构评分、过程评分、督导案例、培训课程以及现场案例模拟等部分。表4－15展示了社会工作督导计划各项分数占比。

表4－15　社会工作督导培养计划各项分数占比

项　目	占　比
自评分	5%
机构评分	5%
过程评分	20%
督导案例	15%
培训课程	15%
现场案例模拟	40%

1. 自评分

让学员自评，包括工作表现、人际关系、动力及态度和专业技能四大类内容，20小项，评分为1～5分。

2. 机构评分

督导学员所在机构根据学员在工作表现、人际关系、动力及态度、专业技能和知识等五个方面的情况，参考机构负责人和候选人的评分进行综合打分。表4－16为机构评分表。

表 4－16　机构评分表

项目	内　容	描述与分数				
		5分	4分	3分	2分	1分
工作表现	对专业和工作的投入	认同感非常强	认同感比较强	认同感一般	认同感较差	缺乏认同感
	工作量饱满度(工作量饱满度＝岗位有效工作时间/平均正常工作日×%)	非常饱满：90%及以上	比较饱满：80%～90%（不包含90%）	基本饱满：70%～80%（不包含80%）	不太饱满：60%～70%（不包含70%）	不饱满：60%以下
	服务质量	工作突出，得到大家认可	工作比较突出，得到部分人员认可	工作水平一般	不稳定，时好时坏	工作散漫，无成效
	领导才能	非常出色	比较出色	一般	不太出色	非常不出色
	工作习惯	非常勤奋	比较勤奋	不紧不慢	比较消极怠工	完全消极怠工
	工作配合度	非常积极主动	比较积极主动	一般	比较被动	非常被动
	出勤情况	基本全勤	极少迟到	存在缺勤，但能提前告知	偶尔无故缺勤	经常无故缺勤
	与资源提供方的协调能力	非常强	较强	一般	较差	非常弱
人际关系	与同工的关系	非常受尊敬	比较受尊敬	相处融洽	不容易建立关系	难相处
	与服务对象的关系	非常受尊敬	比较受尊敬	相处融洽	不容易建立关系	难相处
	与上级的关系	沟通很顺畅	沟通比较顺畅	一般	偶尔关系紧张	时常关系僵持
动力及态度	情绪稳度	非常沉稳	情绪稳定，能够较好控制	一般稳定	情绪偶尔不稳定	暴躁，情绪时常不稳定
	工作积极性	非常积极	比较积极	一般	不太积极	非常不积极
	创新及创意	优秀	良好	一般	较差	非常差

续 表

项目	内 容	描述与分数				
		5分	4分	3分	2分	1分
专业技能	学习能力	非常迅速	比较迅速	一般	需经过较长时间吸收	吸收非常缓慢
	组织及策划能力	非常强	比较强	一般	比较差	非常差
	判断能力	非常敏锐且合理	判断比较合理	尚算可靠	多数不合理	完全不可靠
	文字处理能力	非常强	比较强	基本通顺	难以理解	笨拙且含糊
知识	专业知识储备	丰富且精通	比较丰富	尚可满足需求	某些方面欠缺	基本不足
	理论知识的应用能力	能够根据实际情况，恰当选择理论模式并予以应用	能够结合实际情况，较好地选择理论模式并予以应用	尚可结合实际情况，选择理论模式并予以应用	较难结合实际情况，选择理论模式并予以应用	很难结合实际情况，选择理论模式并予以应用
总分						

3. 过程评分

对督导案例进行评分。

4. 培训课程

2015—2016年度浦东新区社会工作督导培养项目
培训课程开发考核要求说明

按照"2015—2016年度浦东新区社会工作督导培养项目"的要求，该项目设置了"培训课程开发"考核子项目。目前，项目已经实施了一段时间，为了让第三期学员有备而战，特将相关事项告知。具体如下。

一、考核对象

2015—2016年度"浦东新区社会工作专业督导培养项目"的第三期学员。

二、课程条件

（一）真实性。培训课程来自一线真实服务案例。

续　表

（二）专业性。培训课程体现专业理念。 （三）示范性。培训课程针对某类社会问题，或聚焦某类服务人群。 （四）聚焦性。培训课程分享的内容需要聚焦，可以从某个点进行延伸。 三、考核要求 （一）时间要求：10～15分钟。 （二）形式要求：PPT形式呈现，有清晰的框架及思路。 （三）专业要求：课程内容具有社会工作专业性，能够理论结合实际，分享实务经验。 （四）互动性：课程内容可以启发思考，有专业上的互动。 （五）演讲者：思路清晰，逻辑严谨。 （六）其他：不能与小组督导分享的内容重叠。 四、时间安排 （一）课程进度：确定选题。 （二）课程进度：制订课程框架。 （三）课程进度：课程内容完成。 （四）课程考核。

2015—2016年度浦东新区社会工作督导培养项目
培训课程开发考核示例

<table>
<tr><td rowspan="2">序号</td><td rowspan="2">姓名</td><td rowspan="2">评委</td><td colspan="5">评估项目</td><td rowspan="2">分数合计（满分100分）</td></tr>
<tr><td>PPT有清晰的框架及思路(20分)</td><td>讲解内容具有社会工作专业性(20分)</td><td>讲解内容能够做到理论与实践相结合，分享实务经验(20分)</td><td>讲解内容可以启发思考，有专业上的启发(20分)</td><td>学员思路清晰、逻辑严谨(20分)</td></tr>
<tr><td rowspan="4"></td><td rowspan="4"></td><td></td><td></td><td></td><td></td><td></td><td></td><td></td></tr>
<tr><td></td><td></td><td></td><td></td><td></td><td></td><td></td></tr>
<tr><td></td><td></td><td></td><td></td><td></td><td></td><td></td></tr>
<tr><td></td><td></td><td></td><td></td><td></td><td></td><td></td></tr>
<tr><td colspan="8">平均分</td><td></td></tr>
<tr><td rowspan="4"></td><td rowspan="4"></td><td></td><td></td><td></td><td></td><td></td><td></td><td></td></tr>
<tr><td></td><td></td><td></td><td></td><td></td><td></td><td></td></tr>
<tr><td></td><td></td><td></td><td></td><td></td><td></td><td></td></tr>
<tr><td></td><td></td><td></td><td></td><td></td><td></td><td></td></tr>
<tr><td colspan="8">平均分</td><td></td></tr>
</table>

5. 现场案例模拟

案例一：行政督导

李社工已入职5年，从老人服务转到青少年领域。最近她在负责青年中心评估课题，按照项目进度应该在一个月内完成调研和撰写报告。她在调研环节，能保证按照进度实施，可在撰写报告环节，迟迟没有行动，比预定时间推迟了一个礼拜，报告初稿还没有完成，出资方也一直在催进度。

在这种情况下，李社工找到你，作为她的督导你会怎么处理？

案例二：教育督导

某机构旨在为低保家庭开展服务，最近新开发一个项目，希望招募100户有初中到高中学生的低保家庭作为目标服务对象。机构计划设立青少年教育专项家庭发展账户，要求参与家庭持续24个月每月储蓄200元，对于坚持24个月持续储蓄并参加至少72课时的家庭，予以25%的匹配金激励。

2015年8月，项目参与对象招募工作启动。项目团队根据项目核心要素，在以往的服务对象中进行宣传和招募，服务内容以及25%配比金的预期激励效果并不明显。之后，项目团队尝试使用了一系列传统的招募方式，如邮寄招募单页，致电合适家庭，在居委会、救助所等场所放置项目宣传物品等，但都收效甚微。邮寄的单页不是退回就是石沉大海，电话宣传被认为是电信诈骗……项目团队每天都在招募不到参与家庭的挫败感中度过，随着项目启动仪式的临近，团队成员的焦虑、挫败、无能感也越来越强烈，甚至开始质疑这个项目是否真能招募到100户家庭，项目是否能够真正实施，服务对象不参与是因为他们不理解还是项目本身的设计有问题。

在这种情况下，项目组负责人徐社工找到你，作为督导你会怎么处理？

案例三：支持督导

张社工，女，33岁，目前在A市一家社会组织服务中心供职，担任机构负责人。该中心在第一年已成功孵化了5家社会组织。在动员和使用了所在地区最初的资源后，张社工对于在新的一年里是否可以顺利招募和孵化新的社会组织感到信心不足。并且，她的公益从业经验较少，也没有社会工作专业教育背景，作为负责人感到担子很重，压力很大，找不到工作的切入点和方向。

在这种情况下，张社工找到你，作为督导你会怎么处理？

（二）督导认证

浦东新区社会工作协会督导专业委员会对督导人才进行综合考评，包括督导人才所获荣誉、发表文章、跨机构督导服务情况等内容。根据考评情况，督导专委会提出正式名单，向社会进行公示，公示时间不少于7天。公示期间，如有异议，个人或机构可以通过打电话、发邮件等形式向浦东新区社会工作协会反映。

第五章　督导的使用

请问：作为项目负责人，您怎么看待督导人才使用这件事？

答：随着“督导计划”的推进，出资方、服务对象、服务机构以及评估方都看到了督导师在社会服务中的不可代替性。为此，浦东新区社会工作协会充当起了桥梁角色，做好资源链接，让他们在机构内部和机构外部承担起“引领”与“增能”的责任。具体来看，一是机构内部使用，从2014年开始，督导所在的13家社会服务机构开始设置督导岗位，每名督导师督导3～7名一线社会服务从业人员，每月投入的督导时间不少于8小时。截至2016年年底，督导师投入的督导时间已超过6 000小时，近400人次受益。二是机构外部使用，“督导计划”作为一个品牌项目，足迹遍布长三角。可以说，只要合作方有需求，浦东社工协会就会根据对方需求，在全方位调研的基础上，将这群浦东新鲜出炉的督导师们与当地培养对象进行对接，让他们在多元化的平台上，用他们的理念和智慧，更好地发挥其在专业服务和行业中的引领作用。截至 2016 年年底，督导师投入的督导时间已超过 2 000 小时，使 60 余名社工直接受益，60 家机构间接受益。

浦东新区社会工作协会研发部原主任　梁玉

督导的培养最终还是要致力于使用，也就是要更好地把督导的作用发挥出来。浦东新区社工协会结合自身发展需要，将督导的使用开创性地划分成两个方面：第一个方面是内部使用，偏重于在浦东新区的社会工作机构和项目中发挥督导的作用；第二个方面是外部使用，更加注重将督导延伸到外区乃至外地，通过项目化运作输出浦东新区社工协会的本地经验，助推外区乃至外省市的社会工作专业发展。

第一节　内部使用

督导的内部使用又可称为内部督导，是职业角色中的机构“领导”对于机构“员工”的督导，这一督导形式在实践过程中久经检验，得到了内部员工的积极评价，对于提升机构工作效率、改善社工工作状态起到了重要作用。

目前，在浦东服务的社会工作督导师共有 33 名，来自 15 家社会服务机构。2016 年 1 月至 2016 年 12 月，他们共完成机构内部督导近 3 000 小时，直接受益对象有 100 余人。

每一位督导在工作的过程中，需要保证 3～7 名一线社会服务人员为督导对象，督导对象既可以是督导所在社会服务机构的社工，也可以是其他单位的社工。同时，在督导时间上，每月要有不少于 8 个小时的面对面督导时间，督导形式不限，或一对一督导，或小组督导。如果督导被其他单位聘用，那么具体督导时间和方式由外聘单位与外聘督导协商安排。

内部督导有其自身的督导方式以及相对应的记叙材料。已有的督导方案、督导月志和督导报告等内容可以直观地反映内部督导的运行方式。

督导在开展机构内部服务的过程中，通过督导方案、月志、督导报告等文本材料的使用，明晰了自己的督导策略与目标。

一、督导方案

表 5 - 1 为督导方案的示例。

表 5 - 1　督导方案

<table>
<tr><td colspan="6">一、基本信息</td></tr>
<tr><td colspan="3">机构名称</td><td colspan="3">督导师姓名</td></tr>
<tr><td>督导对象姓名</td><td>职务</td><td>工作领域</td><td>社会工作从业年限</td><td>专业资质</td><td>备注</td></tr>
<tr><td>××</td><td>康复社工</td><td>精神卫生</td><td>7 年</td><td>社工师</td><td></td></tr>
<tr><td>××</td><td>康复社工</td><td>精神卫生</td><td>3 年</td><td>社工师</td><td></td></tr>
<tr><td>××</td><td>康复社工</td><td>精神卫生</td><td>3 年</td><td>社工师</td><td></td></tr>
<tr><td colspan="6">二、成长方案</td></tr>
<tr><td colspan="6">1. 督导对象目前面临的问题</td></tr>
<tr><td colspan="6">通过日常对督导对象工作表现的评估，以及与督导对象的沟通交流，总结归纳出以下几个问题。
(1) 工作士气和工作动力不足
督导对象(普遍)基本能按照上级安排完成任务，对于工作的态度以按照行政安排执行为主，缺乏主动性和积极性；对于社会工作的认同感较低，缺乏对自身专业性的信心，也导致工作动力不足。
(2) 专业知识不扎实
督导对象中除××以外皆是在工作中参加社会工作师资格考试时学习的社会工作相关知识，并没有社会工作相关专业教育背景，对于社会工作相关理论知识掌握不扎实，对于具体理论概念需要进一步理解和学习。
(3) 开展社会工作服务的实务能力较弱
督导对象在进行个案工作、主题活动、督导工作等专业服务过程中，存在各种实务上的困难和挑战，需要在实践过程中得到指导、支持和帮助。</td></tr>
</table>

续　表

(4) 工作的创新度不足

督导对象在日常常规工作中都能较好地完成工作任务，对于需要进行变化、创新的专业服务，则感到困难，分析其原因，是由于社会工作专业理论方面的知识不扎实，同时没有做到在工作中灵活运用社会工作的理念、价值观和原则。

2. 督导目标

(1) 通过小组督导、个别督导为督导对象提供情绪支持，提升督导对象对社工工作的认可度；通过小组督导，与督导对象共同梳理和归纳总结机构社会工作专业服务的脉络，参与探讨机构社会工作服务的发展方向和策略，以此加深督导对象对于社会工作宏观层面的理解，以及提升对机构专业社会工作品牌的认可度。

(2) 通过小组督导，组织督导对象主要针对个案工作、社会工作研究、小组工作专业工作方法的理论和实务学习，提升专业服务实务能力。

(3) 通过个人督导，帮助督导对象学习与实践个案工作、小组工作、主题活动，提升个人的专业能力。

3. 督导策略与计划

督导策略：

通过小组督导结合个别督导，以及日常的工作交流与沟通，及时给予情绪支持，帮助其提升开展个案工作、小组工作、主题活动的能力。

督导计划：

时　间	内　容	督导形式
2016 年 4 月	小组督导：部门工作分工与安排讨论、沟通技巧工作坊	(1) 小组 (2) 一对一
2016 年 6 月	小组督导：机构使命、愿景探索工作坊	(1) 小组 (2) 一对一
2016 年 7 月	小组督导：个案工作实务工作坊(一)、年中回顾与总结 个别督导：个案工作、年中回顾	(1) 小组 (2) 一对一
2016 年 8 月	小组督导：个案工作实务工作坊(二)、公益机构参访与交流 个别督导：个案工作	(1) 小组 (2) 参访 (3) 一对一
2016 年 9 月	小组督导：社会工作研究(一)	(1) 小组 (2) 一对一

续　表

时　间	内　　容	督导形式
2016 年 10 月	小组督导：社会工作研究(二)	(1) 小组 (2) 一对一
2016 年 11 月	小组督导：年终总结与分享 个别督导：年终总结与分享	(1) 小组 (2) 一对一
2016 年 12 月	小组督导：2017 年工作计划畅想(一) 个别督导：2017 年工作计划创想	(1) 小组 (2) 一对一
2017 年 1 月	小组督导：2017 年工作计划畅想(二)	(1) 小组 (2) 一对一
2017 年 2 月	小组督导：小组工作实务工作坊(一) 个别督导：小组工作实务	(1) 小组 (2) 一对一
2017 年 3 月	小组督导：小组工作实务工作坊(二) 个别督导：小组工作实务	(1) 小组 (2) 一对一

4. 督导成效

(1) 新进社工能够熟练运用社会工作方法独立开展工作。
(2) 成熟社工提高服务质量，创新工作方法。
(3) 老社工消除职业倦怠，肯定自我价值，总结工作经验。

5. 评估方法

(1) 结果评估

在督导过程中，督导对象在实务工作能力、社会工作理念深化等部分是否发生了改变？例如：督导过后，督导对象自我(知识、观念、能力、技巧)有无成长？评估结果是否可以通过数据的形式表现出来？

(2) 效率评估

对比督导人力、物力的投入与督导对象服务成效之间的差距，评估服务对象的满意程度、工作目标的实现程度与服务介入工作的人力、物力和其他资源的投入等的“投入—成效”效率是否达到最大化。

(3) 收集资料方法的评估

通过不间断的与督导对象的面谈、与督导对象上级及主管等群体会谈、现有资料的运用、观察的运用等，来判断督导过程对于督导对象所起的作用。

二、督导月志

（一）内容介绍

在每月统计相应的督导名单后，从督导月志的内容我们可以看出督导的具体开展情况。月志表格主要分为督导内容、手法、对督导内容和手法的说明以及督导反思（示例见表 5-2）。

每位督导从督导内容列表中确定本次督导的主要内容，包含实务技巧指导、探讨理论知识、社工价值观反思、了解服务对象需要及行为、探讨可运用社区资源、讨论与用人单位合作及协调、给予情绪支持、监察工作进展、商讨个人成长方案等方面。

督导手法方面，主要包含个别督导、小组督导、现场督导、研习理论、技巧演练、与用人单位/机构合作协调、参与机构会议等内容。

在对督导内容及手法进行简要说明方面，主要包含对于已开展督导内容和方法的事实陈述，包括督导时间的计算、具体运用的手法、督导的具体内容与督导对象相关的信息等。

而督导反思的部分更多涉及督导对象在每次督导过程中的动态变化，主要包含对于督导对象的心理和行为改变的描述。同时，督导也会对自身工作内容与手法进行反思。

（二）分析总结

基于 2016 年的 22 位机构内部督导的督导月志，可以总结出如下几个特点。

（1）督导内容以“实务技巧指导”以及“给予情绪支持”为主。

统计表明，督导在内部督导的过程中，所有督导内容均有涉及。其中，各位督导与同工交流最多的内容是实务技巧指导和给予情绪支持两项内容。这也在一定程度上反映了内部督导关注员工职业化的工作状态和专业化的工作方法。

表 5－2　督导师反思记录表月志示例

<table>
<tr><td rowspan="2">督导对象姓名：×××</td><td colspan="10">督导内容</td><td colspan="8">手　法</td></tr>
<tr><td>实务技巧指导</td><td>探讨理论知识</td><td>社工价值观反思</td><td>了解服务对象需要及行为</td><td>探讨可运用小区资源</td><td>讨论与用人单位合作及协调</td><td>给予情绪支持</td><td>监察工作进展</td><td>商讨个人成长方案</td><td>其他，请注明：</td><td>个别督导</td><td>小组督导</td><td>现场督导</td><td>研习理论</td><td>技巧演练</td><td>与用人单位/机构合作协调</td><td>参与机构会议</td><td>其他，请注明：</td></tr>
<tr><td>注：在格子内插入“√”即可。</td><td></td><td></td><td></td><td></td><td></td><td></td><td>√</td><td></td><td></td><td></td><td>√</td><td>√</td><td></td><td></td><td></td><td></td><td></td><td></td></tr>
<tr><td></td><td></td><td colspan="9">请对打“√”内容(包括督导内容、手法)进行简要说明，包括需求/问题表现及督导成效</td><td colspan="8">督导反思</td></tr>
<tr><td colspan="2"></td><td colspan="9">本月进行了1小时的个别督导和1小时的小组督导。在个别督导的过程中对于参与培训的优秀青少年社工进行了指导，也给予了鼓励，在过程中给予全程的陪同，也对整个的过程进行分享和反思。在小组督导部分共同总结本月小组工作开展的部分，就展示小组工作中我们遇到的困惑进行了分享，另外也就小组工作明年的打算进行了设想</td><td colspan="8">在个别督导过程中，就参与过程进行了直接沟通，也及时考虑了参与者的情绪，虽然结果并不理想，但是可以总结经验，并且很好地把握了时机，起到了至关重要的作用。作为督导，关注社工工作的一些细节，掌握好介入的节点，会获得事半功倍的效果</td></tr>
</table>

（2）督导手法以“个别督导”为主，“小组督导”为辅。

内部督导由于交通和通信受限较小，所以超过 80%的督导手法以个别督导为主，同时辅以被督导学员组成的小组督导。而现场督导、研习讨论、技巧演练、与用人单位/机构合作协调的督导手法也都有涉及。但是，参与机构会议并不在督导手法的范畴内。

（3）督导问题明确，督导成效凸显。

在对于督导内容的具体说明过程中，主要涵盖了被督导对象在督导过程中所显现的问题。大多数督导表示，一线社工在工作过程中由于经验不足、对服务对象情况不了解或自身工作方法不正确等问题，往往陷入情绪低谷与实务困境。而督导往往通过鼓励、自我披露等方式向社工澄清问题的主要影响因素，共同探讨实务过程中的因应策略。

（4）督导反思凝聚社工成长

在督导反思的环节，每位督导将本次督导过程进行总结提炼，概括出督导对象在这一过程中的变化。通过一次督导反思的记录，我们可以看到督导对象发生的显著变化。在多次督导反思总结之后，我们又能看出督导对象在机构内部督导过程中的成长。同时，督导在辅导社工不同工作期间，自身的专业化水平也得到提升。对于新进社工而言，日常督导的不断训练，专业基础与职业素养的形成，促使他们融入社工角色，为其提供社工自我的成长空间。在日常工作中遇到情绪问题的学员可以与督导及时沟通，摆脱情绪困扰，以更好的身心状态迎接挑战。督导要帮助被督导的社工解决项目或活动开展过程中所遇到的各类问题，通过一段时间的督导后，总结社工处理问题的方式与策略，使之累积成为社工日常工作开展的成功经验。

三、督导报告

督导报告主要包括督导背景、目标、策略、成效、问题及反思等方面，包含对于督导对象基本信息和相关内容的描述（示例见表 5－3）。报告针对每位督导对象列出一个对比表，重点显示督导服务开展前后其在专业方面的状态。

表 5-3　2016—2017 年浦东新区社工督导人才管理考核和继续教育项目自评报告

督导概况
督导背景：随着近年来国内社会工作的急速发展，社会工作督导也越发受到重视。社会工作督导是一个提升社会工作效能的过程，其目的是协助社工具备清晰的视野，增进专业效能，提高士气及工作满足感，以完成专业使命，提高服务质量，最终使服务对象得益。督导是一种确保服务能够高效运作的策略。因此，浦东社工协会开展该项目是非常重要以及必要的
督导对象情况：在项目周期内我负责督导 5 位社会工作者，从年龄上看他们都比较年轻，平均年龄只有 28 岁。其中 4 位虽然从事社会工作有较长的一段时间，但是基本上都不是社会工作专业出身，在社会工作的专业方法以及技巧上的确存在着薄弱的环节。另外一位被督导者是刚毕业的研究生，学的不是社会工作专业，也缺乏实际工作经验，抗逆力不足，在处理问题的能力及解决困难的能力上还有待提高。
督导目标：(1) 增强被督导者的专业知识，提高被督导者一线实务操作的能力。使被督导者在一线服务中可以帮助服务对象获得符合其最佳利益的协助，使问题得到解决。 (2) 为被督导者提供情绪支持，使被督导者有信心面对工作压力，激励被督导者的士气和服务热忱，并且能够对机构的规章制度有更清晰的了解，增加被督导者对机构的归属感。 (3) 通过观察被督导者的工作表现，协助被督导者开展一线服务工作，帮助修改对服务对象的介入计划以及跟进被督导者的服务实施情况，确保被督导者的工作有序开展。 (4) 给被督导者提供一些参加培训的机会以及和同行交流的机会，增强被督导者对社工职业的认同度。
督导策略：(1) 通过个别督导，给予被督导者情绪上的支持，让被督导者感受到她们不是孤独的，是有团队可以依靠的，提高对机构的归属感。 (2) 通过小组督导，针对被督导者之间提出的共性问题进行答疑解惑，以及在小组督导中，突出同伴之间的支持，让同伴给予彼此建议，共同进步。 (3) 通过现场督导，定期陪同被督导者一起上门走访和开展个案工作，现场观摩被督导者的实务能力，在走访以及个案工作后进行分享和讨论，给予被督导者督导意见。
督导实施情况：2016 年 4 月至 2016 年 9 月，紧紧围绕社工的需求，针对社工的具体问题和需要开展督导，督导的主要方式以个别督导、小组督导、现场督导、电话访谈、网络社交工具联系、邮件往来、参加机构会议、远程督导为主。同时，关注社工“心灵成长”，使社工获得生命力和生产力的同步发展。

续 表

项目周期内具体督导情况示例：

时间段	督导形式	督导内容	督导频率	督导次数
2016.4—2016.9	个别督导	个案、小组、社区活动的开展技巧	每月至少 1 次	68 次
	小组督导	(1) 解答共性问题； (2) 增强同工之间的支持	每月至少 1 次	15 次
	现场督导	陪同被督导者进行走访、个案和活动的开展，在活动中或者活动结束后给予督导建议	每月至少 1 次	12 次
	参加机构会议	了解机构其他项目的运作情况	每月至少 2 次	20 次
	研习理论	开展业务培训，研习社会工作理论知识	每月至少 1 次	12 次
	远程督导	对被督导者开展的个案、小组和社区给予书面的督导建议	不定期	98 次

个别督导：跟进项目进度，处理负面情绪。在给社工进行个别督导的时候，督导主要是跟进项目进展并扮演好"负面情绪回收者"的角色。在督导中侧重了解在项目进展过程中的一些问题，监测是否根据进度完成了工作，以及给社工提供一个高效且轻松的工作环境，帮助社工愉快地工作。比如，新入职社工有时无法在生活和工作中找到平衡点，这时就需要先处理好社工的情绪，才能去谈工作。再比如，老员工会因为对自己长期跟进一个个案没有成效，而对自己的工作产生怀疑，这时候就需要给予社工足够的信心，肯定他做得好的地方，并且一起讨论解决问题的方法，避免可能会出现的"职业倦怠感"。

小组督导：提升实务能力，提高服务质量。

每次小组督导主要立足于三方面的内容：

(1) 对上阶段开展的服务进行分享和讨论，督导进行小结。

(2) 对下阶段即将开展活动的讨论，以及对可能产生问题的讨论，督导给予建议。

(3) 运用头脑风暴的方式思考在近期工作中无法解决的一些难题，督导进行小结和分享。

此外，针对社工的实际需求，每次小组督导都会涉及社会工作理念、面谈技巧，个案、小组、社区社会工作实务技能等培训，以及有关社会工作的知识、技能与方式方法。在每次督导结束后，督导会根据本次现场督导的情况给大家布置作业，帮助社工再一次巩固以及消化督导的内容，进一步完善服务质量，重新审视工作的理念和方法，以提高社工专业服务的水平。

续　表

督导成效：社会工作督导具有行政功能、教育功能和支持功能。在督导的三大功能中，行政性督导主要是为被督导者提供各项资源，同时也协助机构实施对被督导者的绩效管理；教育性督导为被督导者开展工作提供必备的知识和技能；支持性督导则是为被督导者更好地开展工作创造有利的环境氛围和提供心理支持，并促进其富有成效地开展工作，从工作中获得成就感。

时间统计表示例(包括督导对象被督导时间以及督导个人每月参与督导的时间)/小时

督导师	序号	督导对象	2016.4	2016.5	2016.6	2016.7	2016.8	2016.9	合计
S社工(6)	1	A	11	11	6	8	8	2	46
	2	B	6.5	7.5	4	4.5	5	2	29.5
	3	C	9.5	7.5	4	6	5	2	34
	4	D	6.5	8	1	6.5	5	1	28
	5	E	8.5	8	2	5.5	7	3.5	34.5
	6	F	—	1	1.5	1.5	2.5	1.5	8
督导个人每月投入督导时间			42	43	18.5	32	32.5	12	130

督导对象状态变化(督导服务开展前后对比)

序号	督导对象	督导服务开展前	督导服务开展后
1	A	有5年一线服务的经验，但做的是类似于院舍服务的工作，对开展走访和个案类的服务有很大的困惑。工作效率低，时间管理的能力有待加强。情绪起伏大，有离职的想法	学会了有效的时间管理和项目管理，对自己从事社会工作这个职业有了更深入的认识，并且打算继续从事该工作。心态积极了很多，工作状态也更积极
2	B	计算机专业毕业，在机构工作4年，但在社工专业知识和理论方面很缺乏，在项目策划和活动带领方面有待提高	在社区活动和小组活动的带领能力上显著提高，得到了服务对象的认可。并且可以独立策划活动，和街镇的外联能力也提高了很多

续　表

序号	督导对象	督导服务开展前	督导服务开展后
3	C	非社工毕业，在活动设计的新颖度方面以及个案工作的开展方面存在不足。觉得目前的工作量较大，又由于家庭的原因，可能会有离职的想法	社区活动的策划和带领能力有显著提高，可以独自完成一场大型活动。个案能力提升很快，并且愿意挑战有难度的个案工作且成效显著。对机构更加认可，归属感增强
4	D	非社工专业毕业，在开展个案工作的能力上存在不足，无法很好地预估案主存在的问题以及在个案实施过程中不知道运用何种社工理论和模式。被督导者目前需要负责多个街镇的工作，由于地理位置较远，时间的分配上有些不足	个案能力明显提高，并且开展的个案获得优抚对象和街镇领导的广泛好评。提高了时间管理的能力，对机构的管理机制也更加认可
5	E	行政管理类研究生刚毕业，缺乏相关专业知识。被督导者不是上海人，在上海生活有着较大压力，加上性格较为内向，不善于表达自己内心的想法。虽然工作十分认真努力，机构对她也十分欣赏，可是被督导者仍然有不被认可的感觉	对社会工作理念和方法有了基本的认识，可以独自策划和带领活动。通过情绪督导，对机构和项目组的归属感很强，对社工这份职业也有了新的认识，自信心提升了很多

督导存在的问题：个人的督导风格可能会影响督导成效。可能是因为性格的关系，我的督导风格属于权威型督导。在平时的工作中，我总是比较急躁，最好每样工作都能够在最短的时间内完成。但是，不是每个人的性格和做事的风格都是这样的。我知道权威型的督导会无形地给社工带来压力。其实，我一直相信，每一位被督导者都十分优秀，他们能够出色地完成好各项工作。因为我的督导风格的关系，被督导者可能会感觉“被压迫”。在今后的工作中，我会学习如何更加清楚地表达自己，学会换一种大家都很舒服的方式来工作，也会学习反复思考以及体会彼此的工作。督导和主管的双重身份时常会混淆，我除了是机构的内设督导，也是项目主管。我会尽量提醒自己同时扮演好这两种角色，但是不可避免的是这两种身份会“打架”。比如，当一位社工没有根据进度完成工作的时候，作为督导，我想我应该先听取她的想法，然后帮助她一起找到解决问题的方法。但是作为项目主管，我得在最短的时间内要求她完成这项工作。再比如，在情绪疏导的时候，被督导者经常会问我：“你现在是主管的身份还是督导的身份?”这其实已经影响了督导的成效。因此，在今后的工作中，我需要想好如何来平衡这两者之间的关系。

续　表

督导反思：社会工作督导者有时被称为“最高层的雇员和最底层的管理者”，或者“亚管理者和超实践者”。可是在我看来，我更愿意把督导看作一个陪伴者和支持者。在每次的督导中，我总是能看到社工对服务的投入，对工作的满怀热情，对未知事物的探索。虽然在服务中会碰到很多困惑，但是社工丝毫不气馁，他们把碰到的问题进行梳理，在督导的过程中先提出自己的想法和思考，然后再询问督导的建议。

第二节　外部使用

浦东新区作为全国社会工作发展较早的地区，其社会工作发展水平在长三角地区乃至全国颇具优势。因此，浦东新区的督导资源除了机构内部督导以外，还会应邀受聘于本市其他地区或周边省市的相关职能部门和社工机构，作为该地区或该机构的外部督导，开展督导工作。

目前，在浦东新区社会工作协会已开展的督导项目中，嘉定助残孵化园建设、浦东新区公益招投标工作专业督导项目（简称“公益招投标督导”）、嘉兴督导培养、常州督导培养、松江督导培养等项目主要涉及外部督导。在项目实施过程中，浦东新区内的督导人才得以陆续开展督导服务，培养了大量的督导学员，累计项目资金投入达 130 万元。在实际操作过程中，主要的外部督导方式又可分为项目督导和人才督导两类。

一、项目督导

（一）公益招投标督导

1. 内容概述

区内的督导参与到公益招投标督导中，开展跨机构督导服务，让更多的社会工作者和公益项目受益，称为“硕果计划”。在该计划中，11 位督导师（后期有一位督导被替换）参与了公益招投标督导，这 11 位“空降”的社工督导与 10 家公益组织的一线同事并肩携手，将“最佳”的状态呈现给社区老百姓。这些督导师每个月会进行两次督导，给予一线社工情绪支持、教育支持和行政监督。

2013 年 9 月至 2016 年 11 月，浦东社工协会连续三年承接了公益招投标督导项目。从项目启动、案例集出版、项目总结会到最后的五方打分，三年间有 11 位督导参与了 18 个项目的督导工作，累计督导时长超过 1 080 小时。

2. 项目方案

表 5－4 为 2013 年浦东新区公益招投标工作专业督导项目方案。

表 5－4　2013 年浦东新区公益招投标工作专业督导项目方案

项目简介
按照浦东新区公益招投标工作专业督导项目的要求，从提升机构项目运作能力、提升项目的专业化水平（专业督导）两个方面开展业务培训和专业督导，为浦东新区社会组织提供能力支撑，促进社会组织的规范化建设和长效化管理运行，提升浦东新区社会组织社工队伍的职业化和专业化水平。
项目目标
总目标：促进社会组织可持续发展，提升社工队伍的专业化水平。
具体目标：(1) 提升 2013 年度招投标项目的中标机构的项目运作及专业服务能力。 (2) 为 10 个项目提供专业督导服务。 (3) 指导 10 篇专业督导服务案例并结集印刷。
子项目的实施计划与内容
培训先行：围绕项目运作、社工专业服务开展系列培训。项目运作管理的好坏，直接影响到项目运作成效。为了更好地保障项目实施效果，保障项目服务质量，邀请资深授课老师对 2013 年度浦东新区所有的中标机构，围绕项目运行与管理、社工专业服务方面的内容，开展一系列培训。

实施内容	走访浦东新区社会组织，根据社会组织的具体需求，设计具体的、可操作的培训方案 建立培训效果评估标准，了解培训人员对相关知识及技能的掌握情况
时间	2013 年 8 月 1 日—2014 年 7 月 31 日
地点	视具体情况而定
频次	每月一次，全年合计 12 次培训
受益机构	2013 年度公益招投标中标项目所在机构
人员配置	资深授课老师、督导专家团队（包括中国台湾地区、香港地区资深督导专家）、社工

续　表

知行合一：为10个项目提供外派督导服务。经过培训，项目负责人对项目运作及专业服务有了基本认识之后，更重要的是如何执行，以及执行过程中碰到问题如何解决。据前期需求调研，目前10个项目负责人希望能够在项目执行过程中得到专业指导。为了满足这一需求，在跟机构充分洽谈的基础上，浦东新区社会工作协会从督导库中选择10名督导与10个项目进行一对一对接，开展专业督导服务。

实施内容	召开意见征询会，了解社会组织、项目负责人的需求 设计督导服务方案 开展一对一督导服务 建立督导效果评估标准，了解被督导对象对相关知识及技能的掌握情况
时间	2013年8月1日—2014年7月31日
地点	视具体情况而定
频次	7个项目跟踪指导全年，1次/半月，每月2次，每次2小时，全年4小时×12次×7个项目，合计336小时 项目周期：2013年8月1日—2014年7月31日 3个项目跟踪指导半年，1次/半月，每月2次，每次2小时，半年4小时×6次×3个项目，合计72小时 项目周期：2013年8月1日—2014年1月31日
受益机构	10个项目所在机构
人员配置	督导专家团队(包括中国台湾地区、香港地区资深督导专家)、浦东督导

案例集：将督导服务案例结集成册。外派督导重在提升项目负责人的专业服务能力，为了更好地将督导经验进行及时总结与提炼，本项目将邀请督导指导10个项目负责人进行督导案例撰写，并结集成册。

实施内容	撰写督导案例集方案 收集案例 征求督导专家意见 编辑成册
时间	2013年8月1日—2014年7月31日
地点	视具体情况而定
受益机构	10个项目及所在机构、合作单位
人员配置	资深授课老师、督导专家团队(包括中国台湾地区、香港地区资深督导专家)、社工

（二）公益招投标督导材料呈现

1. 督导服务合作备忘录示例

表5－5为2013年浦东新区公益招投标工作专业督导项目开展实地督导服务的合作备忘录。

表5－5　开展实地督导服务合作备忘录

甲方：上海市浦东新区社会工作协会 乙方：××× 丙方：×××
为了提高浦东新区社工人才的服务技能，提升服务的专业化水平，促进浦东新区社工人才成长，上海市浦东新区社会工作协会（以下简称“甲方”）邀请×××（以下简称“丙方”）担任×××（以下简称“乙方”）×××（项目名称）的督导，推行“浦东新区公益招投标工作专业督导服务”，经三方协商签订合作备忘录。
合作宗旨：运用社会工作专业理念，提升社工人才运用专业方法开展服务的能力。
合作期限：2014年8月1日—2015年6月30日
合作方式及成果：(1) 甲方邀请丙方围绕项目开发、项目评估、行政与教育支持、沟通支持、个案工作、小组工作、社区工作等方面为乙方提供具体指导服务。 (2) 丙方从8月份开始，开展不少于30小时的实地督导(每月不少于3小时)，具体时间由乙方与丙方商量决定。除实地督导，还可采用远程督导。 (3) 乙方要保证督导对象每月提交同工反思记录表，并参加最终的考核。 (4) 丙方需提交督导方案以及督导日志。
督导费用支付事项：(1) 督导师支付标准：助理督导师180元/小时；初级督导师300元/小时。 (2) 支付比例：浦东新区社区建设指导中心资助50%，乙方支付50%。 (3) 支付方式：督导服务费用每6个月支付一次，即乙方需在2015年1月31日前支付2014年8月1日—2015年1月31日的督导费用，2015年7月31日前支付2015年2月1日—2015年7月31日的督导费用。甲方负责督导时间统计。 (4) 先付后奖制度：项目结束后，根据评估结果，项目资助方(浦东新区社区建设指导中心)给予乙方一定的资金奖励。甲方受浦东新区社区建设指导中心委托承担监督项目进展、组织五方评估及具体资金拨付工作。
保密事项：(1) 乙方接受督导的督导对象从督导中获得的任何技术、知识、信息，只能用于社会工作实务，不得用于开展类似的督导活动。 (2) 丙方在开展督导服务过程中获悉的服务对象、同工、机构等情况均应保密。
合作生效：本合作备忘录自三方签字盖章之日起生效。本备忘录一式三份，三方各执一份。

2. 督导使用规则

在公益招投标督导开展的过程中，为了更有效地激发机构对于项目的参与，项目由原先的机构免于承担督导费用改为先由机构支付督导服务费用的50%，项目结束后根据评估结果，给予机构对应额度的现金作为资金奖励。

3. 资助流程

表5-6展示了专业督导服务资助流程。

表5-6　专业督导服务资助流程

第一阶段：社工督导师与社会服务机构双向选择	机构与督导师根据中标项目的特点与督导擅长的领域进行双向选择。浦东社工协会负责督导推介工作
第二阶段：提交督导方案及签订服务协议	机构与督导师确定初步意向后，督导师需根据中标项目撰写督导方案(包括督导目标、策略、时间安排等内容)。机构负责人和督导对象可以对督导方案提出意见。督导方案确定后，机构与督导师签订督导服务协议
第三阶段：开展督导服务	督导师需在项目执行期间提供督导服务，督导时间平均每个月不少于3小时；督导对象需在项目执行期间，积极配合督导师的督导服务，每个月要保证有3个小时接受督导服务
第四阶段：支付督导师服务经费	机构支付督导师服务经费施行“先付后奖”制度。 (1) 督导师支付标准：助理督导师180元/小时，初级督导师300元/小时。 (2) 支付比例：浦东新区社区建设指导中心资助50%，接受督导服务机构自付50%。 (3) 支付方式：督导服务费用每6个月支付一次，具体费用由督导时间统计结算
第五阶段：评估督导成效及资金奖励	项目结束后，根据评估指标，由五方评估项目成效。若该项目评估达标，项目资助方(浦东新区社区建设指导中心)给予社会服务机构一定的资金奖励。 1. 达标项目的标准(两者同时具备)：第三方评估结果为“A”及以上；五方评估分数不低于“80分”。 2. 奖金奖励情况： (1) 五方评估分数为90分以上(含90分)且第三方评估结果为“A”及以上为“优秀”督导项目，奖励金额为100%机构已付督导服务费用。

续 表

第五阶段：评估督导成效及资金奖励	(2) 五方评估分数为80～89分且第三方评估结果为“A”及以上为“良好”督导项目，奖励金额为85%机构已付督导服务费用。 (3) 五方评估分数为70～79分且第三方评估结果为“A”及以上为“合格”督导项目，奖励金额为70%机构已付督导服务费用。 (4) 五方评估分数为70分以下的督导项目，不给予资金奖励

二、人才督导

除了项目督导以外，自2013年开始浦东社工协会还陆续参加了嘉定助残孵化园建设项目，常州、松江、嘉兴等相关督导人才培养工作，为当地初步建立了一支社工督导人才队伍。

（一）常州督导人才培养项目内容概述

2016年3月，江苏省常州市为贯彻18个部委联合发布的《关于加强社会工作专业人才队伍建设的意见》，决定选拔培养一支有能力有经验的督导人才队伍，为常州市社会工作发展提供高层次人才保障。常州市民政局与浦东社工协会合作选拔出10名助理督导师培养对象，开展常州市助理社会工作督导师培养工作。

（二）浦东社工协会的角色与功能

在督导人才队伍建设过程中，委托方提出了自己需要的督导人才培养方式与目标，将相关工作以项目化的方式交由浦东社工协会代为办理，浦东社工协会为项目的承接方。在承接项目后，浦东社工协会承担了项目推进的工作。

1. 与委托方洽谈项目事由

浦东社工协会与委托方接洽后，委托方将自身对于督导项目的需求与目标告知浦东社工协会，双方沟通协商后以项目协议书的形式，确定项目的名称、目标、起止时间、双方责权、违约责任与争议处理方式。示例见表5-7。

表 5－7　常州市社会工作专业督导培养计划项目服务合作协议

甲方：上海市浦东新区社会工作协会 乙方：Q 社工 为了促进常州市社工人才队伍建设，提升社会服务的专业化水平，促进常州市社会组织成长，推动其社会工作专业化、职业化发展，浦东新区社会工作协会（以下简称“甲方”）邀请××社会组织服务中心督导 Q 社工（以下简称“乙方”）担任常州市社会工作专业督导培养计划项目督导，经双方协商，达成以下协议。
合作宗旨：发展专业化、职业化社会工作，培训常州市社会工作专业督导人才队伍，扩大社工督导队伍在本土公益机构之作用及影响力。
合作时限：2016 年 6 月 1 日—2017 年 5 月 31 日
合作内容： 甲方： (1) 甲方作为常州市社会工作督导人才培养项目的主要执行方，邀请乙方为项目带教督导，为常州市社工提供专业、具体的指导服务。 (2) 甲方有权利督促乙方做好每月督导工作，按时提交各类记录表，并进行最终考核。 (3) 甲方作为项目执行方，向乙方提供每月税前 1 400 元（人民币壹仟肆佰元整）的督导费用。 (4) 甲方有义务做好双方的沟通及协调工作，保证项目顺利开展。 乙方： (1) 乙方需先得到所属机构认可，方能参与项目督导工作。 (2) 乙方需根据甲方项目要求，为 3 名学员提供个别或小组督导工作，每位学员督导时间不得少于 3 小时/月。 (3) 乙方需根据要求，按时向甲方提交督导方案以及督导日志。 (4) 乙方需接受甲方的每月考核，在考核通过后有权向甲方申领督导费用。
支付方式：甲方依照与乙方提交的督导记录，采用季度现金支付的方式，向乙方支付费用。
保密事项：(1) 乙方在开展督导服务过程中获悉的服务对象、同工、机构等情况均应保密。 (2) 乙方从服务对象中获得的任何技术、知识、信息，只能用于社会工作实务，不得用于开展类似的督导活动。
合作生效：本合作协议自双方签字盖章之日起生效。本合作协议一式两份，双方各执一份。

2. 记录督导学员日常表现

浦东社工协会工作人员负责收集学员参加培训讲座、上缴每周周志及每月督导记录的情况，将相关记录登记在册后，将其作为统计学员的原始资料存档保留。示例见表5－8。

表5－8　考核分数统计表

序号	姓名	日常表现	周志记录	月督导记录	出勤	总分

3. 与督导达成督导共识

浦东社工协会招募督导人才作为项目的督导老师后，依据社工专业价值与伦理，与其共同制订督导共识，保障督导工作的规范性与专业性。表5－9展示了常州督导共识。

表5－9　常州督导共识

督导的作用是"质量监管"，确保同工开展的服务是符合服务对象的需要及使用的方式是合适的。
督导的目标是协助同工独立、有信心地开展工作，要完成这个目标，督导需要以"全人的培养"为理念，协助同工知道为什么要做这个服务，而不单单是怎样操作这个服务。
为了实践"全人的培养"的理念，督导需要培养同工有主动学习的意识（学习计划的设计），督导与同工讨论做些什么改变可以培养同工知道"为何而做"。
督导的技术，通过"督导事情来督导人——需要找出督导主题（与同工的学习计划吻合）"，利用引导及提问的技巧，协助同工独立思考，以及协助他们总结自己的实务经验。

续　表

周记及工作的文字资料可以在督导过程中协助督导了解同工的工作状况，以便准确订立督导的内容。
最终，让被督导的同工的专业水平得到提高，胜任社工的角色

4. 督导沟通会

协会在督导外部使用的过程中，特地聘请了中国香港地区的资深督导与各位助理督导以座谈会的形式进行沟通，对督导过程中的问题进行解疑与指导。

督导沟通会邀请了香港地区的资深社工督导钱女士，担任督导沟通会的主要负责人，钱女士在这一过程中发挥了以下主要作用。

(1) 了解督导老师在实际操作过程中对于督导学员辅导方式与内容的适切程度，以保证被督导学员能够获得最大的督导效益。

(2) 通过督导沟通会使督导老师反思督导介入过程，帮助督导老师进一步提升督导内容的专业化程度、处理自身情感、提升自我管理能力。

(3) 保证督导过程在合法透明的规则下健康运行。

表5-10为督导沟通会会议记录。

表5-10　常州督导项目督导师沟通会第五次例会记录

会议主要内容如下
(1) 明确项目执行过程中学员的主体责任。根据项目已进展的情况，了解督导学员在下一阶段的学习意愿与学习动机。由于客观岗位调动或主要动机不足，浦东社工协会应与其主动沟通，澄清下一阶段是否继续参与培训过程。愿意参与的学员应遵守既定的培养方案与执行规范；不愿意继续参与的学员可在与委托方、代理方沟通后协调后续事宜。
(2) 为提升学员的实务经验，在后期项目的执行过程中准备增加涉及个案、小组、社区的相应记叙材料。
(3) 5月份案例模拟的考核内容主要涉及以下几项：① 行政管理型，涉及机构人事、财务、事务工作的行政管理内容；② 实务型，包含社会工作理念和事务技巧的案例模拟演练；③ 综合型，开放式无领导小组。

续 表

(4) 督导学员情况反馈：

A：已向社工督导角色转变，但学习的主动性仍可以提升。

B：日常学习的过程中易受个人情绪的困扰，对自身职业化素养要求极高。

C：实务设计上欠缺经验，但是执行能力值得肯定。涉及人际沟通的关系处理能力仍需加强。

D：作为所在机构的行政负责人，泛专业的能力有待加强。但在实务工作过程中具有问题意识。

E：学员被调到市纪委工作，无法保证日常督导学习工作的正常开展。

F：在社区中做了较多矛盾调处类工作，并且已经找到一位社区工作者作为督导对象，主要督导方式为自己示范、与被督导对象一同观察分享。

G：学习动力强，对自身的工作要求较高。今年做了社区工作三年规划，在此基础上对3名社区工作者开展业务指导。

H：日常工作的服务涉及广泛，除了组织开展各类活动以外，还直接参与居民矛盾调处、社会工作矫正服务。在工作中运用社工手法对机构内的一名同事进行长期督导。

I：近期开展第三方运营管理方案和公益项目方案设计工作，归纳了公益事业运营模式与商业品牌策划的异同点与值得借鉴的地方。

J：针对街道内不同社区的工作内容，划归社区工作总目标，并在此基础上细化不同区域的阶段分目标。以此进行社区问题分析，进行社区改造。

5. 工作成效

对于浦东新区社工协会来说，作为服务承接方，一方面要听取出资方的指导建议，另一方面要回应学员的实际需求。在日常工作过程中，协会通过各种方式传递各方需求与信息。比如：每周周志将学员一周工作内容进行时时记录；每月一次面对面督导记录，记录学员不同阶段的督导问题；每两个月一次督导沟通会反馈督导对于学员问题的思考与指导意见；每月月底的汇报总结，让出资方了解学员的实时动态。基于以上已经形成的互动机制，浦东社工协会在沟通工作中传递了更有效的传递信息，并在项目执行的下一阶段持续推进相关工作的开展。

三、外部督导结果呈现

在外部督导的过程中，督导老师通过与督导学员共同制订督导方案，撰写督导记录、督导案例、工作周志等内容，帮助督导学员实现专业成长。

在督导方案中，督导通过与学员进行对于督导内容的分析，描述督导的具体情况并确定学员需求；而后，确定相应的小组目标，并针对督导目标设定督导内容与督导方式；最后，通过预期成果使工作目标可视化。

同时，督导对学员的专业素养、理论基础、实务操作及督导技能进行直接与间接的指导。每名督导负责 3～4 名学员，每月 1 次，对其负责的学员进行实地督导。督导学员每周提交工作周志，督导审阅周志并进行反馈。

通过外部督导这一实践方式的开展，浦东新区社工协会按照浦东新区公益招投标工作专业督导项目的要求，从提升机构项目运作能力、提升项目的专业化水平（专业督导）两个方面开展业务培训和专业督导，为当地社会组织发展提供了能力支撑，促进了社会组织的规范化建设和长效化管理运行，同时也提升了社会组织内部社工队伍的职业化水平，并且对督导人才的专业化塑造起到了至关重要的作用。表 5 - 11 展示了督导学员的学习目的与个人成长。

表 5 - 11　督导学员学习目的与个人成长表

组别	第三期学员名单	学习目的	个人成长
督导1组	A	学习社会工作专业内容；探究长者服务的理念及技巧；掌握小组工作理论及方法	社工理论与实务知识：通过督导老师的帮助及自身的不断学习，该学员对社工专业认知水平有所提高；同时在小组工作的实际操作过程中因解决了实践过程中遇到的各类问题，获得了专业成长
	B	掌握小组工作理论及方法；掌握义工管理方法及技巧；掌握社工实习学生的督导策略撰写及督导方法	社工理论与实务知识：该学员本身已经参加全国督导培养计划，在一个系列的怀旧小组中，提升了和老人交流的方式，同时在不断实践的过程中实现了自身处遇模式的经验积累
督导2组	C	累积实务经验，巩固专业理论	行政管理能力：该学员是社会工作专业毕业，有理论基础，但缺少实务操作经验；在督导学习的过程中，逐渐熟悉了社区社会工作的内在逻辑与实践策略，提升了行政管理能力

续 表

组别	第三期学员名单	学习目的	个人成长
督导2组	D	深抓一个实务项目，由点及面，推动机构管理水平的提升	活动组织能力：在督导的过程中逐渐适应社工角色；能在回应与反思中逐步明确活动过程，以服务对象为本；同时，在与不同群体接触的过程中，更能看到其背后的社会化意涵
督导3组	E	学习用社会工作的理念和方法梳理现有工作，并带领团队用专业方式开展社区工作，推动社区参与的深入	行政管理能力：该学员学习动机中包含带领团队用专业方式开展社区工作，推动社区参与的深入；在各项事务性工作过程中，通过对细节的把握与反思，很好地推进了各项工作的开展
	F	了解社会工作的整体概念框架，学习社会工作理念和知识	专业价值观提升：该学员显示出了很高的投入度，学习动机强；能主动提问，对整个公益行业也有观察和反思；在与不同群体接触的过程中，具有事务层面以外的专业价值反思，体现了社工专业价值观的意义
	G	学习用社会工作的视角看待现有的社区工作，将社会工作元素融入社区工作，并能在社区内带领团队开展实务项目	行政管理能力：该学员学习动机强烈，面对督导师准备充分，能主动提问并将督导内容和建议用到实际工作中，且有所反思；日常工作中，提炼了工作策划筹备经验及实施时的不足之处，与督导沟通后及时做了总结反思；同时，对于团队内同工的辅导亦尽心尽责
督导4组	H	学习专业社工服务如何开展；学习如何将专业社工理念带给更多基层社区工作者；希望学习更多的专业社工培训技巧	社工理论与实务知识：该学员有较强的学习动机，对社会工作专业有一定的追求，对督导培养有学习成效的期待；虽然取得了中级社工证，但缺乏专业技术的实际运用经验；在督导过程中逐渐养成了现象背后的理论洞察能力
	I	学习青少年社会工作在社区工作中的运用与实务技术方面的技巧；学习关于社区建设方面的经验	活动组织能力：该学员表示希望在实务过程中加强青少年主体、社区范围的工作技术与方法；在督导阶段，其自身也反思活动的不同内容与细节，积累了实践经验

续　表

组别	第三期学员名单	学习目的	个人成长
督导4组	J	选取一个试点居委会，与督导老师一起通过观察学习、引导示范等方式学习如何在社区开展专业服务的方法；加强社工理念和方法的实际运用	社工理论与实务知识：该学员有学习动机也善于思考，对社工工作十分热爱；在工作过程中不断总结行政事务与专业工作的内在逻辑，对于服务模式亦有中观层面的提炼与独到见解

第六章 督导的激励

请问：民政局是出于怎样的考虑，决定出台《浦东新区关于社会工作督导人才队伍建设实施意见》？

浦东新区是上海经济建设和社会建设的创新地，在社会服务革新和社会化方面已经进行了十几年的探索。作为全国首批社会工作人才队伍建设的示范区，浦东新区一直致力于专业社工人才队伍建设。在专业社工人才队伍不断壮大的背景下，浦东新区社会工作协会于2011年启动“浦东新区社会工作督导人才培养计划”，为社会服务质量把关，这在上海市实属首创。经过几年的培养，我们看到了督导个人及督导所在机构的成长。有的督导从一名主管成长为机构负责人，有的机构则开始意识到督导培养的重要性，开启本机构督导人才的选拔与培养。值得一提的是，浦东督导影响在扩大，浦东十个公益招投标项目所在机构连续三年购买督导服务，甚至外区及外省相关部门也开始重视督导人才培养。在培养本土化社工督导人才实践的基础上,浦东新区社会工作协会在2014年召开的第八届社工节上发布了《浦东新区社会工作督导人才选拔、培养及使用实施方案(试行版)》,这让我们看到了行业协会在督导人才规范化管理方面的努力。最终,在浦东新区民政局和社工行业的共同努力下,2015年4月,中共浦东区委、浦东新区人民政府两办联合发布了《浦东新区关于社会工作督导人才队伍建设实施意见》。

浦东新区民政局

作为社会工作的高级人才构成部分,督导的合理有效使用同样服从一般的人才规律。对督导人才的激励非常重要,而有效激励的前提则是科学评估。

第一节 督导人才评估

为了进一步探讨督导人才的培养效果,判定督导人才是否合格,需要我们对督导人才进行评估。评估工作每半年进行一次,主要依据《浦东新区关于社会工作督导人才队伍建设实施意见》(简称《实施意见》)与《浦东新区社会工作督导人才津贴实施细则(试行版)》(简称《实施细则》)中相对应的内容,以及浦东社工协会制作的评估表格。

《实施意见》明确了对督导人才的学习、出勤和督导服务情况进行系统管理与跟踪评估。评估合格者继续留用并享受相关待遇,不合格者取消各类待遇;连续2年不合格者将被淘汰,且3年内不得再次申请各类督导岗位。

《实施细则》规定,申报人员需要具备以下条件:(1) 参加督导培养计划,并最终通过浦东新区社会工作协会督导专业委员会资格认证;(2) 在本区工作,按规定与所在单位办理人事关系;(3) 属于浦东新区社会工作协会的个人会员。

申报人所在机构需要具备的条件：(1) 注册地在浦东，并按规定在浦东为督导人才缴纳社会保险；(2) 机构设置督导岗位，明确督导职责，聘任有资质的督导人才开展督导服务；(3) 属于上海市浦东新区社会工作协会的团体会员，并每年按期缴纳会费。

除了上述文件所规定的评估要素，浦东社工协会同样根据督导在人才考核和继续教育项目中的表现制定相应的评估标准。评估标准主要依据督导过程中的主题内容分享、督导报告与督导评分表制定。

一、督导过程中的主题内容分享

每位督导在继续教育过程中通过每次分享一个督导主题来提升督导能力，同时评委专家也会进行相应的分数评定（见表 6 - 1）。

表 6 - 1　督导主题内容分享

序号	合格督导名单	时　间	课 程 名 称
1	Z 社工	2015 年 11 月 26 日	激发与改变服务对象的手法：青少年项目设计、实施及评估
2	Y 社工		社会工作本土化探索：社区资源的整合
3	Y 社工		激发与改变服务对象的手法：团体心理治疗理论与实践案例分享
4	J 社工	2015 年 12 月 29 日	社会工作本土化探索：社区营造本土化的探索
5	Q 社工		社会工作本土化探索：残疾人融入社会服务探讨
6	Y 社工		社会工作本土化探索：本土社会组织的培育与扶持
7	T 社工	2016 年 1 月 21 日	社会工作本土化探索：不同视角下司法矫正社工的定位与发展
8	H 社工		社会工作本土化探索：公益项目管理初探
9	D 社工		如何当一名好督导

续　表

序号	合格督导名单	时　间	课 程 名 称
10	Z社工	2016年2月23日	如何当一名好督导：如何作为一名督导而成长
11	L社工		社会工作本土化探索：增进职校青少年社会联结——社会联结理论在联校社会工作中的本土化探索
12	W社工		社会工作本土化探索：社区社工如何探索自身特色
13	Z社工	2016年3月23日	社会工作本土化探索：城市社区工作的初探
14	L社工		社会工作本土化探索：养老机构中的社会工作
15	X社工		社会工作本土化探索：以贫困家庭社会工作服务项目为例

二、督导报告

表6－2展示了督导报告的主要内容

表6－2　督导报告内容

督导策略	(1) 通过个别督导，给予被督导者情绪上的支持，让被督导者感受到她们不是孤独的，是有团队可以依靠的，提高对机构的归属感。 (2) 通过小组督导，针对被督导者之间提出的共性问题进行答疑解惑，以及在小组督导中，突出同伴之间的支持，让同伴给予彼此建议，共同进步。 (3) 通过现场督导，定期陪同被督导者一起上门走访和开展个案工作，现场观摩被督导者的实务能力，在走访以及个案工作后进行分享和讨论，给予被督导者督导意见。 (4) 参与机构会议，每周一次参与机构会议，让被督导者了解到机构其他项目的运作情况以及目前机构的发展情况。 (5) 在研习理论方面，主要是通过一月一次的机构内部业务培训，增强被督导者的理论知识，可以把实务和理论进行有效的结合，提高服务质量
督导成效	社会工作督导具有行政功能、教育功能和支持功能。在督导的三大功能中，行政性督导主要是为被督导者提供各项资源，同时也协助机构实施对被督导者的绩效管理；教育性督导为被督导者开展工作提供必备的知识和技能，支持性督导则为被督导者更好地开展工作创造有利的环境氛围和提供心理支持，并且促进其富有成效地开展工作，从工作中获得成就感

三、督导师评分表

涉及督导需求分析以及督导目标、内容与方式的督导方案，记叙与督导对象相关的督导月志，所参加督导继续教育的出勤状况，机构负责人给予的分数评定，督导对象给予的分数评定，个人所撰写的督导报告，督导继续教育成果展示等七项要素分相加，加上个人督导时间、日常发表的文章、个人所获得的荣誉等三项加分内容，共同构成督导人才的评分表。

(一) 考评权重表示例

表 6 - 3 为浦东新区社会工作督导人才考评权重表。

表 6 - 3 浦东新区社会工作督导人才考评权重表

<table>
<tr><th>分值类型</th><th>评分人</th><th>项 目</th><th>分值</th><th>得分</th><th>权重</th><th>小计</th></tr>
<tr><td rowspan="7">基础分</td><td rowspan="3">督导专委会</td><td>督导方案</td><td>100</td><td></td><td>10%</td><td></td></tr>
<tr><td>督导月志</td><td>100</td><td></td><td>10%</td><td></td></tr>
<tr><td>督导继续教育出勤</td><td>100</td><td></td><td>10%</td><td></td></tr>
<tr><td>机构负责人</td><td>对机构的影响</td><td>100</td><td></td><td>10%</td><td></td></tr>
<tr><td>督导对象</td><td>对督导对象的影响</td><td>100</td><td></td><td>10%</td><td></td></tr>
<tr><td>督导专委会</td><td>督导报告</td><td>100</td><td></td><td>30%</td><td></td></tr>
<tr><td>专家</td><td>督导继续教育成果展示</td><td>100</td><td></td><td>20%</td><td></td></tr>
<tr><td rowspan="3">加分</td><td rowspan="3">督导专委会</td><td>跨机构督导小时数占总督导小时数的比重：10%～30%(不含 30%)，得 3 分；30%～60%(不含 60%)，得 6 分；60%～90%(不含 90%)，得 9 分；90%～100%，得 10 分</td><td colspan="3">10</td><td></td></tr>
<tr><td>发表文章，包括全国、上海市及浦东新区层面的杂志。发表一篇加 2 分，最高累计 10 分</td><td colspan="3">10</td><td></td></tr>
<tr><td>获得国家级荣誉加 10 分；获得上海市级荣誉加 6 分；获得浦东新区级荣誉加 3 分</td><td colspan="3">10</td><td></td></tr>
</table>

续　表

<table>
<tr><th>分值类型</th><th>评分人</th><th>项　　目</th><th>分值</th><th>得分</th><th>权重</th><th>小计</th></tr>
<tr><td rowspan="3">扣分</td><td rowspan="3">督导专委会</td><td>督导人数未达到 3 名</td><td colspan="3">—10</td><td></td></tr>
<tr><td>督导时间平均每个月未达到 8 小时</td><td colspan="3">—10</td><td></td></tr>
<tr><td>发现督导虚报信息，如督导时间、督导人数、督导月志等信息</td><td colspan="3">—50</td><td></td></tr>
<tr><td colspan="6">合　计</td><td></td></tr>
<tr><td colspan="7">合格标准：基础分和总分均达到 75 分及以上。</td></tr>
</table>

（二）督导委员会评分表示例

表 6－4 为浦东新区社会工作督导人才督导委员会评分表。

表 6－4　浦东新区社会工作督导人才督导委员会评分表

<table>
<tr><td>机构名称</td><td></td><td>督导师</td><td colspan="4"></td></tr>
<tr><th>评分人</th><th colspan="2">项　　目</th><th>分值</th><th>得分</th><th>权重</th><th>小计</th></tr>
<tr><td rowspan="3">督导专委会成员</td><td colspan="2">督导方案分为 5 个级别：90 分及以上算优秀，80～89 分算良好，70～79 分算中等，60～69 分算及格，59 分及以下算不及格</td><td>100</td><td></td><td>10%</td><td></td></tr>
<tr><td colspan="2">督导月志(10%)：每月能够定时将督导记录反馈至浦东新区社会工作协会督导专业委员会，根据半年需要提交 6 份月志情况，分为 4 个级别：6 份月志为 100 分；5 份月志为 80 分；3～4 份月志为 60 分；1～2 份月志为 30 分；0 份月志为 0 分</td><td>100</td><td></td><td>10%</td><td></td></tr>
<tr><td colspan="2">督导继续教育出勤(10%)：每月能够定时将督导记录反馈至浦东新区社会工作协会督导专业委员会，根据半年需要出席 6 次督导继续教育的情况，分为 4 个级别：6 次为 100 分；5 次为 80 分；3～4 次为 60 分；1～2 次为 30 分；0 次为 0 分</td><td>100</td><td></td><td>10%</td><td></td></tr>
<tr><td colspan="6">总　分</td><td></td></tr>
</table>

（三）机构负责人评分表示例

表 6－5 为浦东新区社会工作督导人才机构负责人评分表。

表 6－5　浦东新区社会工作督导人才机构负责人评分表

评分人	督导师		
	项　　目	分值	得分
机构负责人	为机构同工建立和谐团结的关系做出贡献	10	
	能够有选择地、合理地排列工作优先顺序，并在给定时间内计划和组织工作进度表	10	
	在日常管理中，透过设计和统筹有效的工作流程系统，促进机构的运作	10	
	能制定、推行及反思机构人力资源制度、执行系统及程序，以确保机构的人力资源得到最有效的运用	10	
	能够通过财务预算、决算、监察及控制和利用现有资源做出合理判断，以维护稳健的机构财政	10	
	能够在直接控制范围以外，运用个人影响力与相关机构、团体及社会人士建立伙伴关系	10	
	能够使用过往的经验，未雨绸缪地预测及管理危机，从而为机构带来持续不断的改进	10	
	通过阅读，非正式的讨论，参加有关的、可以得到的培训活动，承担起专业上继续发展的责任	10	
	能够以充分的准备去承担工作责任，并协助一线社会服务从业人员提升专业能力，从而使服务达到理想的预期结果	10	
	能现实地、批判性地评价自己的局限且没有不必要的焦虑	10	
	总分	100	

（四）督导对象评分表示例

表 6－6 为浦东新区社会工作督导人才督导对象评分表。

表 6－6　浦东新区社会工作督导人才督导对象评分表

<table>
<tr><th colspan="2" rowspan="2">评分人</th><th></th><th>督导师</th><th colspan="2"></th></tr>
<tr><th colspan="2">项　目</th><th>分值</th><th>得分</th></tr>
<tr><td rowspan="11">督导对象</td><td rowspan="5">情绪支持</td><td colspan="2">当我遇到工作挫败或情绪困扰时，督导能及时回应并做出情绪支持</td><td>10</td><td></td></tr>
<tr><td colspan="2">能够及时回复我的日志及督导记录，并对相关问题给予有效指导</td><td>10</td><td></td></tr>
<tr><td colspan="2">能以清楚、简捷有效的方法向我传递信息，并且也能用积极的态度来倾听及理解我的想法与观点</td><td>10</td><td></td></tr>
<tr><td colspan="2">能够积极向我提供工作方向、服务技能、资源链接方面的指引，以此促进我专业技能的提升</td><td>10</td><td></td></tr>
<tr><td colspan="2">督导的形式符合我的学习需要</td><td>10</td><td></td></tr>
<tr><td rowspan="5">专业指导</td><td colspan="2">能够让我很好地界定与理解专业词汇与用语，并帮助我对一些模糊的概念与定义进行重新认识与建构</td><td>10</td><td></td></tr>
<tr><td colspan="2">能够协助我了解服务对象真正的需要，并协助我认识服务对象所出现的一些行为</td><td>10</td><td></td></tr>
<tr><td colspan="2">协助我很好地利用社区中的各种资源，提升了我社工资源的挖掘与整合意识</td><td>10</td><td></td></tr>
<tr><td colspan="2">指导我更好地开展实务工作，顺利完成项目计划</td><td>10</td><td></td></tr>
<tr><td colspan="2">提升了我理论知识与专业技巧的学习应用能力</td><td>10</td><td></td></tr>
<tr><td colspan="3">总分</td><td>100</td><td></td></tr>
</table>

（五）督导报告评分表示例

表 6－7 为浦东新区社会工作督导人才督导报告评分表。

表 6－7　浦东新区社会工作督导人才督导报告评分表

<table>
<tr><th rowspan="2">评分人</th><th></th><th>督导师</th><th colspan="2"></th></tr>
<tr><th colspan="2">项　目</th><th>分值</th><th>得分</th></tr>
<tr><td rowspan="5">督导专委会</td><td colspan="2">文字表达清晰</td><td>25</td><td></td></tr>
<tr><td colspan="2">督导内容充实</td><td>25</td><td></td></tr>
<tr><td colspan="2">督导策略到位</td><td>25</td><td></td></tr>
<tr><td colspan="2">督导成效显著</td><td>25</td><td></td></tr>
<tr><td colspan="2">总分</td><td>100</td><td></td></tr>
</table>

（六）督导继续教育评分表示例

表 6－8 为浦东新区社会工作督导人才继续教育评分表。

表 6－8 浦东新区社会工作督导人才继续教育评分表

继续教育课程			时间		
督导师			点评嘉宾		
评估项目：继续教育课程	满意程度（评分）				
	非常好	好	一般	不好	非常不好
	20	16	12	8	4
着装能协助演讲者建立导师的形象					
表达流畅，善用眼神交流、肢体语言，语调抑扬顿挫					
工作坊内容具有社会工作专业性，能够做到理论与实践相结合，带领师能够分享实务经验					
工作坊内容可以启发思考，引发参与和互动					
带领师思路清晰、逻辑严谨					
总分					

第二节 督导人才激励

对督导进行评估以后，根据《实施细则》的规定，评估合格的督导会得到一定的激励。本节将主要呈现激励内容与过程。

一、激励内容示例

表 6－9 展示了激励政策的主要内容。

表 6－9　激励内容

1. 对具有督导师证书的社会工作者，经区民政部门评估合格的，并在推进浦东新区社会工作督导服务中发挥积极作用的，给予社会服务机构及个人一定的激励。 (1) 对助理督导师、初级督导师、中级督导师和高级督导师所在单位给予社会养老保险补贴，补贴标准分别为：单位为其本人缴纳社会保险费(以上年度上海市社会平均工资的 60%为基数)的 20%、30%、40%和 50%。 (2) 对助理督导师、初级督导师、中级督导师和高级督导师给予人才补贴，补贴标准为：助理督导师 800 元/月、初级督导师 1 000 元/月、中级督导师 1 500 元/月、高级督导师 2 000 元/月。 (3) 对社会工作督导人才参加国际性交流和培训项目，按照最高不超过 10 000 元/人/年的标准实施补贴。
2. 鼓励社会服务机构引进海外高层次社会工作人才，支持符合相关条件的人才申报浦东新区“百人计划”。
3. 鼓励和支持社会工作行业机构建立社会工作人才发展基金，积极向社会筹集资金，为发展社会工作督导人才队伍提供支持和保障。
4. 将社会工作督导人才列入新区各类领军人才中予以重点宣传和扶持，在争先创优、参政议政、典型宣传等方面，优先选拔和推荐。
5. 确认享受社会养老保险津贴和督导服务津贴的督导人才，在浦东新区单位受聘工作期间，每半年计发一定数额的社会养老保险津贴和督导服务津贴，发放期限最长为 36 个月。
6. 确认享受培训津贴的督导人才，经浦东新区社会工作协会督导专业委员会审核通过并公示无异议后，培训启动、培训过程中和培训结束，分别按照培训费用总额的 30%、50%和 20%发放补贴。
7. 如未及时提交督导月志、督导评估表与评估报告，将取消津贴发放资格。

二、激励流程

(一) 申请通知示例

表 6－10 展示了浦东新区社会工作督导人才津贴申请通知的内容。

表 6－10　浦东新区社会工作督导人才津贴申请通知

尊敬的机构负责人： 您好！为加强浦东新区社会工作督导人才队伍建设，发挥督导人才在社会工作行业发展中的引领作用。根据区政府《浦东新区关于社会工作督导人才队伍建设实施意见》(浦府办〔2015〕15 号)，上海市浦东新区社会工作协会制定了《浦东新区社会工作督导人才津贴实施细则(试行版)》。该细则从 2015 年 4 月 1 日起生效，生效期限为 3 年。受浦东新区民政局委托，浦东新区社会工作协会负责《实施细则》的运作。
提交材料
(1) 督导个人的工资凭证和社会养老保险缴金凭证，盖机构公章(机构提供)。 (2) 督导证书的原件和复印件、个人工资流水、个人养老保险缴费情况证明(督导提供)。 (3) EXCEL 表格：督导师基本情况与经费统计表。

(二) 公示评估合格督导名单示例

表 6－11 展示了合格督导名单的示例。

表 6－11　合格督导名单

序号	机 构 名 称	督导师级别及数量	合格督导名单
1	上海市浦东新区社会工作协会	初级督导(1)	H 社工
2	上海浦东新区乐耆社工服务社	助理督导(1)	G 社工
3	上海市香山中学	初级督导(1)	D 社工
4	上海乐家社工服务社	助理督导(1)	W 社工
5	上海乐群社工服务社	助理督导(6)	Z 社工、Z 社工、J 社工、Y 社工、W 社工
6	上海中致社区服务社	助理督导(2)	Y 社工、C 社工、L 社工
7	上海市民政第二精神卫生中心	助理督导(1)	Y 社工
8	上海公益社工师事务所	助理督导(3)	X 社工、L 社工
9	上海乐爱社工师事务所	助理督导(2)	Q 社工、Y 社工
10	上海浦东公惠社会工作服务中心	助理督导(2)	Z 社工、Z 社工

续　表

序号	机构名称	督导师级别及数量	合格督导名单
11	上海浦东新区金桥社会组织服务社	助理督导(1)	Q社工
12	上海市浦东新区惠南镇惠颐养护院	助理督导(1)	L社工
13	上海中和社区矫正事务所	助理督导(1)	T社工

(三) 发布督导人才津贴通知示例

表 6－12 为督导人才津贴通知的示例。

表 6－12　浦东新区民政局关于申请浦东新区社会工作督导人才津贴的函

浦东新区财政局：

为调动浦东新区社会工作督导人才工作的积极性，充分发挥其专业特长，激励他们更好地为浦东新区社会服务提供保障，中共浦东新区委员会办公室、浦东新区人民政府办公室发布《浦东新区关于社会工作督导人才队伍建设实施意见》(浦府办〔2015〕15 号，以下简称《实施意见》)。该意见明确提出将加大对浦东新区社会工作督导师的激励力度。为了让督导人才在社会服务领域更好地发挥作用，浦东新区民政局委托浦东新区社会工作协会，依据《实施意见》，制定了《浦东新区社会工作督导人才津贴实施细则(试行版)》(以下简称《实施细则》)，并负责“2015 年 10 月—2016 年 3 月浦东新区社会工作督导人才经费补贴申请与审核”。

浦东新区社会工作协会作为执行方，严格按照《实施意见》和《实施细则》进行审核，最终来自 13 家机构的 22 名督导师符合申请条件，包括 2 名初级督导师和 20 名助理督导师。具体督导津贴费用统计如下：

经费类型	督导师级别	单　价	数　量	金额/元
社会养老保险津贴	初级督导师	343.5 元/月/人	6 个月×2 人	4 122
	助理督导师	229 元/月/人	6 个月×20 人	27 480
督导服务津贴	初级督导师	1 000 元/月/人	6 个月×2 人	12 000
	助理督导师	800 元/月/人	6 个月×20 人	96 000
小计				139 602

（四）提交材料样板

督导个人需提交个人养老保险缴费情况证明（图 6－1）、督导证书原件和复印件（图 6－2）、个人工资流水（图 6－3）。

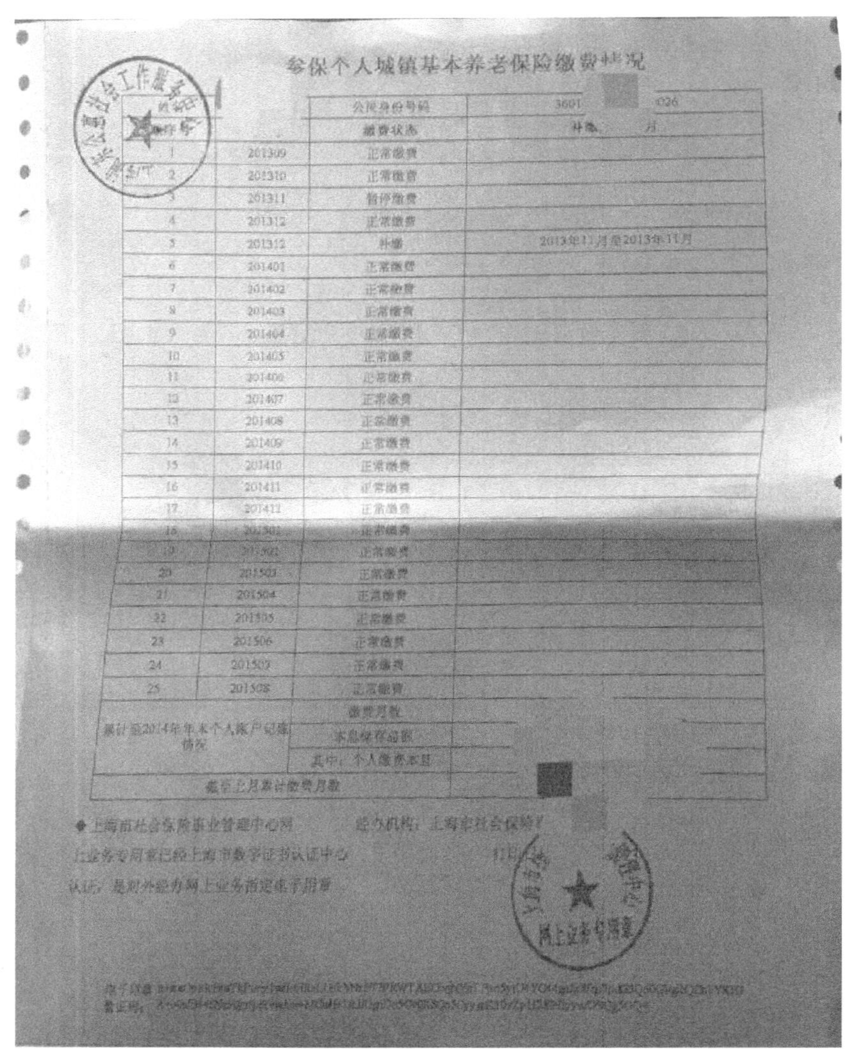

参保个人城镇基本养老保险缴费情况

序号		公民身份号码	3601 026
		缴费状态	补缴 月
1	201309	正常缴费	
2	201310	正常缴费	
3	201311	暂停缴费	
4	201312	正常缴费	
5	201312	补缴	2013年11月至2013年11月
6	201401	正常缴费	
7	201402	正常缴费	
8	201403	正常缴费	
9	201404	正常缴费	
10	201405	正常缴费	
11	201406	正常缴费	
12	201407	正常缴费	
13	201408	正常缴费	
14	201409	正常缴费	
15	201410	正常缴费	
16	201411	正常缴费	
17	201412	正常缴费	
18	201501	正常缴费	
19	201502	正常缴费	
20	201503	正常缴费	
21	201504	正常缴费	
22	201505	正常缴费	
23	201506	正常缴费	
24	201503	正常缴费	
25	201508	正常缴费	
累计至2014年年末个人账户记账情况		缴费月数	
		本息储存总额	
		其中：个人缴费本息	
截至上月累计缴费月数			

◆上海市社会保险事业管理中心网　　经办机构：上海市社会保险

上业务专用章已经上海市数字证书认证中心　　打印

认证，是对外经办网上业务指定电子用章

图 6－1　个人养老保险缴费情况证明

CIVIL AFFAIRS BUREAU OF PUDONG NEW DISTRICT
浦东新区民政局

SHANGHAI PUDONG ASSOCIATION OF SOCIAL WORK
上海市浦东新区社会工作协会

HONG KONG CHRISTIAN SERVICE
香港基督教服務處

Having fulfilled all the requirements of the Social Work Supervision Course
And having satisfied the examination
完成社会工作督导课程并通过考试

has this day been admitted to the title of
授予称号

JUNIOR SOCIAL WORK SUPERVISIOR
初级社会工作督导师

MAY 28, 2014
二零一四年五月二十八日

浦东新区民政局　上海市浦东新区社会工作协会

图 6－2　督导证书

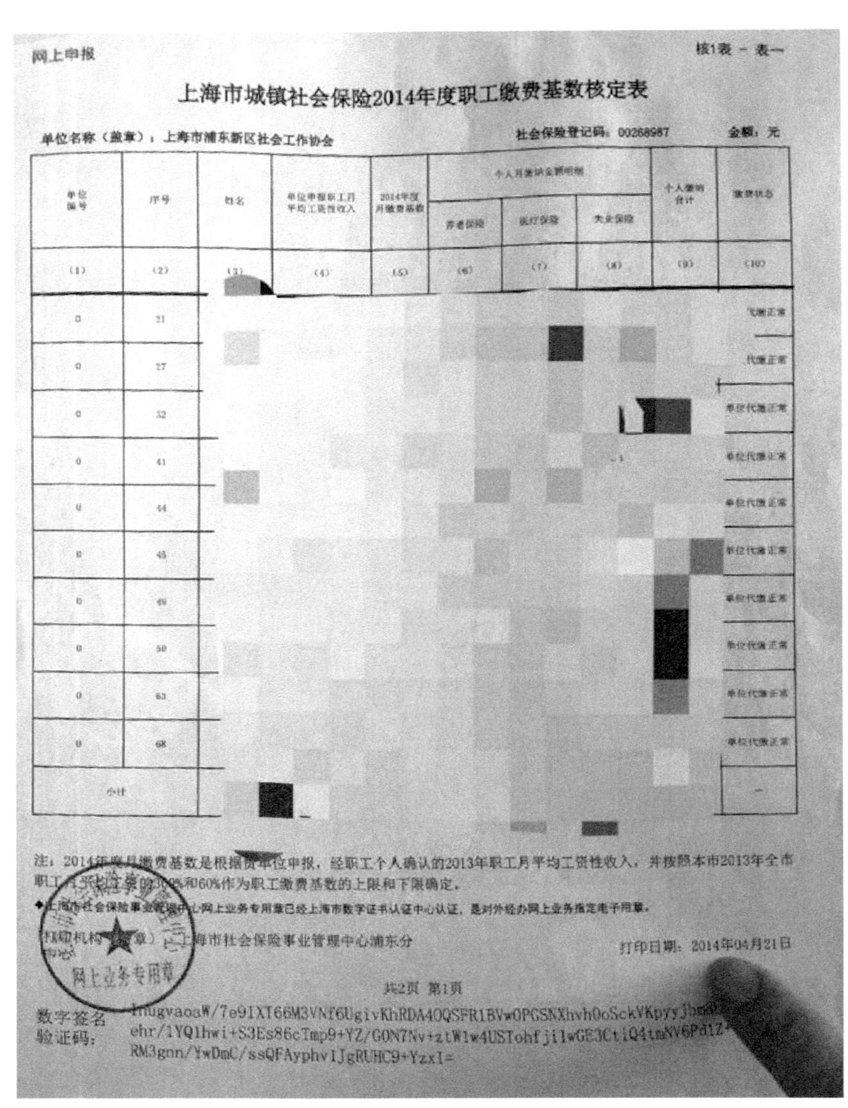

网上申报　　　　　　　　　　　　　　　　核1表 - 表一

上海市城镇社会保险2014年度职工缴费基数核定表

单位名称（盖章）：上海市浦东新区社会工作协会　　　社会保险登记码：00268987　　　金额：元

单位编号	序号	姓名	单位申报职工月平均工资性收入	2014年度月缴费基数	个人月缴纳金额明细			个人缴纳合计	缴费状态
					养老保险	医疗保险	失业保险		
(1)	(2)	(3)	(4)	(5)	(6)	(7)	(8)	(9)	(10)
0	21								代缴正常
0	27								代缴正常
0	32								单位代缴正常
0	41								单位代缴正常
0	44								单位代缴正常
0	45								单位代缴正常
0	49								单位代缴正常
0	50								单位代缴正常
0	63								单位代缴正常
0	68								单位代缴正常
小计									—

注：2014年度月缴费基数是根据贵单位申报，经职工个人确认的2013年职工月平均工资性收入，并按照本市2013年全市职工月平均工资的300%和60%作为职工缴费基数的上限和下限确定。

◆上海市社会保险事业管理中心网上业务专用章已经上海市数字证书认证中心认证，是对外经办网上业务指定电子用章。

打印机构（盖章）：上海市社会保险事业管理中心浦东分中心　　　　打印日期：2014年04月21日

网上业务专用章

共2页 第1页

数字签名验证码：
InugvaoaW/7e9IXT66M3VNf6UgivKhRDA40QSFR1BVwOPGSNXhvhOoSckVKpyyJbm
ehr/1YQ1hwi+S3Es86cTmp9+YZ/GON7Nv+ztW1w4USTohfji1wGE3CtiQ4tmNV6PdlZ
RM3gnn/YwDmC/ssQFAyphv1JgRUHC9+YzxI=

图 6-3　个人工资流水

三、激励结果

激励结果最终以现金补贴形式呈现，主要补贴项目包含社会养老保险津贴和督导服务津贴两类，表 6－13 是部分督导的激励结果。

表 6－13　督导激励结果统计表

序号	督导名单	督导师级别	补贴项目	补贴标准/(元/月)	补贴月份数	补贴金额/元
1	K 社工	助理督导	社会养老保险津贴	229	6	1 374
			督导服务津贴	800	6	4 800
2	L 社工	初级督导	社会养老保险津贴	343.5	6	2 061
			督导服务津贴	1 000	6	6 000
3	M 社工	助理督导	社会养老保险津贴	229	6	1 374
			督导服务津贴	800	6	4 800
4	N 社工	助理督导	社会养老保险津贴	229	6	1 374
			督导服务津贴	800	6	4 800
5	O 社工	助理督导	社会养老保险津贴	229	6	1 374
			督导服务津贴	800	6	4 800
6	P 社工	助理督导	社会养老保险津贴	229	6	1 374
			督导服务津贴	800	6	4 800
7	Q 社工	助理督导	社会养老保险津贴	229	6	1 374
			督导服务津贴	800	6	4 800
8	R 社工	助理督导	社会养老保险津贴	229	6	1 374
			督导服务津贴	800	6	4 800

第七章 督导的成效

请问：作为浦东督导培养计划第一批种子，您如何看待督导的成效？

在十多年的工作履历中，浦东督导培养计划见证了我的三个转型。

第一个，从养老机构的内部督导转型为机构负责人。在我的带领下，上海浦东新区乐耆社工服务社成为全国首批社会工作服务标准化建设示范单位、全国敬老模范单位。

第二个，从单一领域的督导转型为服务多领域的行业督导。在做好养老服务督导的同时，做好对于外部机构、外地机构的督导服务，领域涉及禁毒、妇女儿童、信访服务，并在2014年支援鲁甸地震灾区工作中担任浦东社工队的督导。

第三个，从一线服务机构的督导与管理者转型为推动社会工作行业发展的引领者。多年实务经验的积累，让我更有信心在上海市浦东新区社会工作协会副秘书长的岗位上，通过自下而上的实务领域推动，助力浦东社会工作的发展。

浦东新区社会工作协会副秘书长　胡如意

从近几年的发展来看，一方面，浦东社工协会在督导的选拔、培养、使用、激励等方面走出了一条具有浦东特色的道路，建立了一整套适合浦东新区社会工作发展的督导制度；另一方面，督导工作的创新推动成效同样表现在个人成长、团队进步、机构发展以及行业推动等多个方面。

第一节　个 人 改 变

督导所产生的最直接的改变首先发生在被督导对象身上，这些变化非常细微、非常深刻地表明了浦东新区社会工作督导的真实影响，同时也真切地反映了被督导者个人的不断成长。

案例一：

种子计划：朱蓓

（一）督导成绩

本科学历，全国社会工作师，任职于上海乐群社工服务社，担任机构副主任，社区部主任。主要承担浦东新区统战部合作的社区共融项目、航头镇鹤沙航城社区生活服务中心项目的统筹管理。代表乐群对外参与了突发事件及内地社会工作支持：参与2008年地震后都江堰社区重建、上海“11·15”火灾灾后支援服务，参与中国社科院社会政策研究中心在湖北恩施、山西永济地区开展的社区工作。曾参与主编《社区工作放大镜——以都江堰社区重建为例的社会工作实务手册》。2005年开始承担所在部门的督导工作，2007年开始督导乐群社区共融项目；2011年参加浦东新区“督导种子计划”培养学习，并开展招投标项目督导工作；2012年参加上海市第一期高级社会人才培养计划督导班；2012年督导航头社区生活中心项目；同时担任深圳社区服务中心咨询顾问。

（二）督导心声

向下扎根，向上结果！

（三）督导感悟

我觉得督导让我改变了很多，最开始带同事工作的时候，我会制定一些自己觉得好的框架强加给同事，但是这样并不能很好地指导他们。慢慢地，我发现其实督导师不一定要比你的同事厉害，我们的工作就是让大家共同参与到工作中去，在这个过程中我也在慢慢地调整自己。多听取同事的意见，本身也是很好的成长和磨炼。督导让我学会了接纳，人很容易接纳自己，但是不容易接纳别人。真正的督导要更多地去发现你督导的对象的潜能，让他把优势发挥出来，因为督导的目的是团队的成长，服务的提升。

从事督导也迫使我关注行业的发展，关注行业新闻，然后分享给我的朋友和家人，让他们知道这个行业是一个非常有生命力的新兴行业。我希望在这个行业内的同事们都有主动学习的需求和动力。

案例二：

增设督导：田苑

（一）督导成绩

本科学历，国家社工师、国家二级心理咨询师，现任上海中和社区矫正事务所专业干事，负责社团项目开发、专业督导与培训工作。长期从事社区矫正社会工作，曾赴中国香港地区进行专业交流学习。在十余年的工作中，专注于社区矫正与安置帮教人员的回归适应工作，善于把专业理论与实际情况相结合，撰写多篇帮教个案，发表于《上海法治报》《浦东时报》等报刊，曾获“新区法制好新闻”“优秀社工”等荣誉，所组织开展的人际交往型分类帮教调研课题获“市司法局课题调研二等奖”，所负责开发的“回归增能社区服务项目”获选2012年度上海社区公益创投项目。为人开朗热情，在工作中善于发现问题，注重团队协作，能够耐心倾听社工需求，给予社工亲切指导，受到基层社工的普遍欢迎与认同。

（二）督导心声

只要有真心的笑容和宽广无私的包容，就能常常看到彩虹。

（三）督导感悟

作为督导，我一开始其实是一个“点炮者”。那个时候我做了八年的基层社工，而且我工作的环境比较倾向于行政化，因此我会把我的想法直接灌输给同事。有一次，我和一个同事在电话里因为意见不同而吵起来，然后我用了比较尖刻的词语来数落他，并挂断了电话。虽然我马上后悔了，但是话已经说出去了，这给对方造成了既成的伤害。后来我就这个困惑请教了钱小姐和朱蓓，那个时候她们是我的督导。慢慢地，我从一个“点炮者”转变成了倾听者。这是理念上的一种转变，我开始思考督导其实是服务的监督者，或者说服务质量的保证者，我们要保证社工对社会工作理念的执行。我觉得社工在执行活动中要回归社工的本位，毕竟社工的理念对服务对象是直接产生影响的，因此作为督导一定要把正同工的服务理念。

案例三：

第三期学员：秦晔

（一）督导成绩

2010年毕业于上海政法学院社会工作专业本科，现就职于上海市浦东新区我和你助残服务社，担任项目主管，主要负责政府采购项目。现主要负责的项目有嘉定区阳光家园能力建设项目、嘉定区梦想工坊项目、静安区阳光之家项目、静安区阳光基地项目、闵行区阳光之家评估项目、青浦区阳光之家规范化项目等，同时也兼顾机构内的项目督导工作，参与“2015年度浦东新区公益一起来”的督导服务。通过四年的社会工作本科学习，六年社工服务经验，考取了中级社工师证书。将专业化的社工理念运用于日常工作，为助残社会工作提供了更专业的服务。

（二）督导心声

督导并不是一个完全的指导者，更多的是一个陪伴者。在共同的努力下，经过十余次的督导，我和社工最终共同实现了含糊的概念清晰化，社工目标清晰化，成长轨迹清晰化。成为一名督导的过程中，需要不断地计划、执行、反思、突破，不断地抵抗各种挫折，总结自己不成熟的经验，尝试摸索一套属于自己的方式。正如同样的需求理论，出发点不同，最终都能成为经典理论，督导的手法和经验也是这样的，每个人都可以走出一条具有自己风格和特色的督导之路。

（三）督导感悟

社工之路走了五年多，这一次为期十个月的督导培训带给我的，更多的是经验的积累和理念的植入，在继续对社工进行督导的同时，对自己进行反思与提升。它让我或多或少有些淡忘的记忆重新鲜活起来：自己初出茅庐时的莽撞与不成熟，一路上成长的领悟……

在督导过程中，我再一次回想社工的理念、工作的技巧、经验的总结与分享。督导并不是一个完全的指导者，更多的是一个陪伴者。回想第一次督导的经历，那时心里有着一丝胆怯，担忧和紧张导致整个过程都是自己在主导，社工则成了一个旁观者。结束后，督导老师告诉我："要把焦点更多地聚焦在社工本身，让他说出自己的想法，让社工有一种陪伴感。"之后的每一次督导，我都在改变着自己的方式和方法，提前预设好每一个话题、时间安排等。直到有一天，督导老师的夸奖让我直观地感受到：原来这就是社工督导。对于社工而言，获得的是工作经验的积累，对于我而言更多的是一种肯定。

案例四：

第三期学员：庄洁

（一）督导成绩

2011 年 6 月毕业于香港中文大学社会工作硕士专业，曾在香港从事新来港人士及长者服务。2014 年 3 月开始在上海东方医院社工部从事医务社会工作，为患者及家属提供心理情绪支持及链接社会资源，促进患者身心健康，探索运用跨学科团队合作的方式共同为肿瘤患者及家属提供身心社灵的全面支持。开展医护成长及压力管理小组为医护人员提供支持。参与医务社工实习学生的督导工作、医务社工的教学及研究工作。2014 年 9 月参加为期两年的浦东新区第三期“督导培养计划”，开始系统地接受督导训练。

（二）督导心声

“通过督事来督人”，督导的过程是帮助学生专业成长的过程，更是帮助学生自身成长的过程，帮助他们学习面对生活，学习面对生命，而这也是督导更深的意义所在吧。

（三）督导感悟

这是我第一次为一位社工实习学生提供十个月的督导服务，此次更系统、更全面地为学生提供督导，体会与成长都很多。

作为一名新人督导，在为学生提供督导服务的时候，我也有一些担心的地方：是否能被督导对象接纳、能否为其提供专业支持等。在整个督导的过程中，我也更深地体会了督导的角色、理念及态度，学习了督导的形式、方法与任务，这些帮助我更好地理解了督导的意义。同时，督导也是教学相长的过程，使我在专业上有所成长。

这次督导计划让我对于督导的角色、理念及态度有了更深的认识。督导是教育者，同时也是支持者与同行者。实习生初次进入医院实习，全新的医院环境、与不同医务人员的沟通合作以及面对生命与死亡，这些都给予其很多的冲击与挑战。如何帮助学生融入医院环境，如何帮助其面对生命与死亡，为其提供心理情绪支持，这是督导很重要的工作。同时，如何帮助学生制订实习计划表，帮助其明晰每阶段的学习、实习任务，更好地把理论运用于实践中，也是此次督导很重要的内容。

其实，实习学生也是我们的服务对象，运用优势视角及赋权理论，协助其发掘自身的优势，鼓励其探索、实践与反思，肯定其点滴的成长，是我从这次计划中所学到的。谦卑、真诚、同理、接纳、平等与平和，在督导过程中，这些态度帮助我更好地敞开自己的心与学生进行交流，这是彼此沟通的机会，也是彼此学习与支持的机会。

督导的过程是帮助学生在专业上成长的过程，更是帮助学生自身成长，学习面对生活，学习面对生命的过程，而这也是督导更深的意义所在。

案例五：

第三期学员：钱燕

（一）督导成绩

硕士研究生，2010 年毕业于华东理工大学社会学专业，获得中级社工师证书、国家二级心理咨询师证书。现任上海市浦东新区社会工作协会项目部主任。主要负责项目有：鹤沙航城睦邻社区建设项目、杭州市萧山区三社联动项目、嘉兴市社会工作督导人才培养项目、嘉定助残孵化园项目、浦东新区妇联“家中心”评估项目、沪东居民区自我服务评估项目。2014 年参与云南鲁甸灾后重建社工服务团，其案例《废墟上的半边天》获得 2014 年上海市社会工作案例评选特别“荣誉奖”；参与上海“11·15”火灾善后支援团。负责“以社区为本社会工作研究”“民政部关于灾后社会工作介入成效及问题研究”“浦东共青团助力企业社会责任研究”等课题，其中《灾区不同类型社工服务机构比较性研究》被收录进《灾害社会工作理论与实务》一书。

（二）督导心声

最初，由于自身督导资历尚浅，而且督导对象不像其他成员一样有经验，我很担心能否坚持下来，能否圆满地完成督导实践任务。带着这样的担忧上路，我却收获了意外的惊喜。在督导服务总结面谈中，督导对象欣喜地谈到了参与督导服务让自己学到了知识，转变了社区工作的思路和方式，并且将这些所学运用到睦邻点工作中后，得到了服务对象的肯定和认可，自身的价值感得到提升，也让他体会到了一名督导的价值所在。督导工作是专业支持，更是无形中的影响与陪伴，是引路人，是同行者，更是受益者。相信这段独特的督导经历能为以后的工作提供宝贵的经验与财富。感谢有你，感恩同行！

（三）督导感悟

两年的督导培养计划即将结束，回顾过往，时光飞逝。从站在督导门外观望，到一步步被引上督导之路，感谢我的督导在这两年来给予的耐心指导和支持。让我学习到的不仅是督导的专业知识，更是一个合格的督导应该具备的基本素养。两年的学习是一次难得的成长经历，更是一次重新认识自我的机会，让我在督导培养过程中认清自身的优势和不足，对于未来的职业发展有了全新的认识和思考。

在最近一年的督导实践中，我督导的对象是一名完全没有任何社会工作背景和经历的基层工作人员，虽然普通、平凡，但是从她的身上我看到了督导的力量和魅力。最让我印象深刻的是她拥有自我学习和成长的动机与动力，她对于社会工作专业价值的认可，让督导服务有了最重要的基础。

案例六：

第三期学员：李伟

（一）督导成绩

毕业于江汉大学社会工作专业，2010 年 10 月加入上海乐群社工服务社，现任区域总监一职。2011 年参与策划微公益“零伤害有情天”青年参与社区项目并中标；2012 年策划“居家乐逍遥”沪籍少数民族长者养老关爱计划项目，并参与上海市公益招投标项目；2015 年在原闸北区承接社区自治项目“百灵议事”妇女议事会项目；目前在浦东、浦西等街镇均有合作项目开展。策划并主要实施“正能量 one by one 百联集团团青年户外拓展项目”“筑梦沪东——沪东社区(街道)团青年团队建设拓展项目”等。2013—2014 年连续两年参与嘉定残联孵化项目督导支持服务，为嘉定区助残社工做项目督导。2013 年加入鲁甸灾后重建救援队上海分队，奔赴鲁甸灾区开展为期 1 个月的重建救援工作。

（二）督导心声

督导过程其实是一个具有艺术性的过程，它是不断塑造彼此的过程。

除了一些必要的教育督导职能以外，督导陪伴被督导者发展的过程也十分重要，尤其是支持性督导的功能。支持性督导的功能往往会在督导服务中被忽略，在被督导者本身对自身专业性持怀疑、不自信态度的时候，督导若不能很好地观察和重视被督导者由于缺乏自信或本身工作压力过大所导致的不良情绪，那么督导效果必然会大打折扣，甚至适得其反。引导示范主要是根据被督导者的现实困惑，当场设计一些必要的工具表格，从开始选择填空的方式到引导其根据模板举一反三地进行逻辑训练，一步步地引导其构建自己的专业逻辑。支持鼓励主要来源于督导的陪伴性学习，督导为了更好地激发被督导者学习的动力，将实践案例和理论支撑有机结合，并鼓励被督导者一同参与服务经验提炼总结的工作，创造其理论学习的机会。

（三）督导感悟

2015 年下半年，我有幸被选为浦东新区社工协会第三期督导培养计划的学员，对我来说这是职业生涯进阶的过程。本期督导教育的方式与以往不同，要求学员每次都要带一个督导对象一起参与培养计划，并由中国香港地区的督导老师从旁指点。坦白讲，起初这样的参与形式给我带来不少压力，尤其是每次在准备和督导对象的面谈材料时，很难从错综复杂的问题中总结出一条可以探讨的逻辑主线。

经过为期一年的共同学习，我也在和督导对象一起成长。我在其中不仅收获了督导技能，还深深地感受着督导工作的魅力。督导塑造的是我们两个。

第二节　团队成长

督导的实施不仅推动了被督导者个人的成长，同时，也推动了被督导者所在团队的成长。在诸多督导案例中，我们择要选取了五个集中反映团队成长的案例，在本节集中呈现，每个案例表达的重点都有所不同(见表 7－1)。

表 7－1　案例问题汇总表

序号	问　　题
案例一	工作团队很辛苦，项目评估结果却不理想，项目团队需要反思
案例二	聘请了资深社区退休领导，对机构来说是机遇，更是挑战
案例三	在项目运作过程中，如何处理好与相关方的沟通，如与合作机构、执行团队等多个相关方的沟通、协调、统筹工作是一个挑战
案例四	同一个项目，机构不同部门之间如何有效沟通，确保项目按期顺利完成
案例五	如何将社会工作理念运用到团队成员管理中

案例一：

站得更高，看得更远

——记从实务岗成长为督导岗的社工角色转变

上海浦东联洋新社区健康服务中心　韩腾

问题描述	为什么机构里每位社工工作都这么辛苦，每天都在各处奔波做活动，每次面对评估都要通宵整理材料，但评估结果却不理想呢？看督导如何协助社工梳理机构管理制度、设计机构管理工具，并且帮助社工从一名实务社工转变成机构内部督导。
督导策略	第一阶段：梳理机构管理流程 鉴于目前机构管理比较无序，督导帮助社工先梳理了目前机构的人员配置情况，人员配置情况如图 7－1。 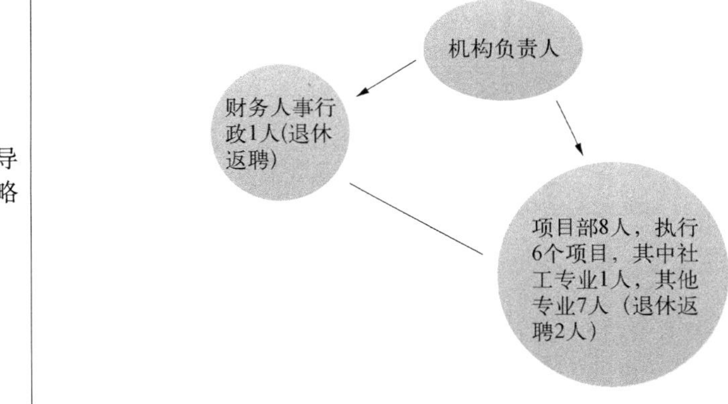 图 7－1　机构人员配置图

续 表

<table>
<tr><td>督导策略</td><td>第二阶段：设计项目监管工具
社工虽然坐上了项目部督导的位置，但是对于怎样管理和督导项目依旧毫无头绪。在咨询了督导老师之后，督导老师决定指导社工设计机构项目部管理工具。项目能否成功，取决于这个项目的服务对象的改变程度与接收信息情况。督导建议社工针对这两方面标准设计项目监管工具。
社工根据机构的实际情况，设计了一个数据库表格。表格中可以呈现出项目的目标数量、每个月计划完成数量、实际开展数量、产出进度、财务进度等。同时，与负责后勤的同事一起设计了仓库档案管理表格，结合项目评估要求，对活动计划、活动记录表、活动签到签收、工作人员签收等资料进行逐一管理，保证每一场活动的材料符合评估标准入库。
两套管理工具在机构内试行一个月，社工在这一个月的时间内与同事们保持良好的沟通，搜集大家对于这两套管理工具的使用意见。在同事们的优化建议下，工具经过修改，正式投入使用，使机构项目进度管理和档案管理都走上了正轨。</td></tr>
<tr><td>督导成效</td><td>（1）人员分工更清晰，沟通机制也更顺畅
在督导老师的指导与帮助下，社工充分考虑了机构同事的专业和过往工作经历，重新设计了机构的管理架构，对项目工作进行了分工，如图 7－2。
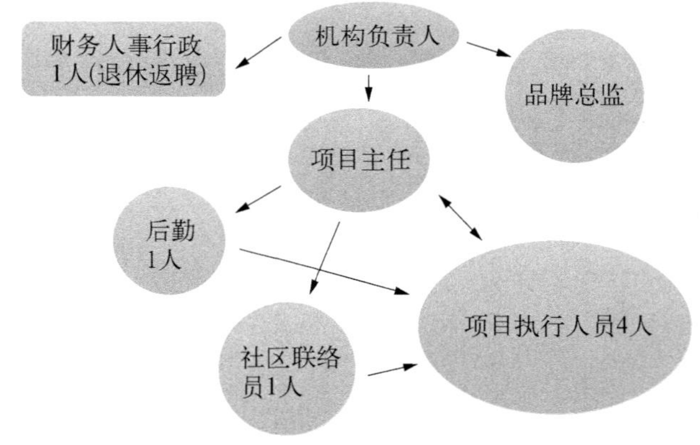

图 7－2　机构管理架构
（2）机构成立五年来，第一个“零差评”项目
2015 年 4 月，社工又一次面对第三方项目评估。这次社工从容不迫地将材料进行展示，有条不紊地向评估专员阐述项目执行情况与成效，一切都井然有序，条理清楚。这是机构成立五年多来第一个“零差评”项目，评估方对该项目的运行监管表示了全面的肯定。看着手中沉甸甸的评估报告，机构所有成员都露出了喜悦的笑容。</td></tr>
</table>

续 表

社工反思	社工对于这一年来的督导也有很深刻的感触。从一个实务型社工,到一个有创造力的项目督导,社工实现了工作领域的改变以及工作能力的飞跃,站得更高,看得更远。对于一个"草根"公益机构来说,资金紧缺、管理不善、人员不足、项目目标模糊等,都是不可避免的问题,因此在"草根"机构中开展督导面临的挑战将非常大。但社工也意识到,虽然面临巨大困难,但"草根"机构没有督导这个环节,将永远是个不专业的"草根",注定难以发展壮大。社工已经做好了准备,今后若有机会参与其他"草根"机构的督导工作,将帮助它们走上专业化的道路。
督导点评	督导这个案例时,颇有感触,我深深地感到公益组织在提供服务的过程中,除了要考虑资金及人员这两大问题之外,也需要考虑如何从"做了这件事",转变到"把事情做得专业"的问题上。 服务的成效能直接反映出服务是否具有专业性,所以,当我们谈服务的专业性时,就不能不谈理念及技术。因此,在大家都热衷于做社区服务的今天,我们必须要问,我们组织的愿景及使命是什么?为什么要开办社区服务?当我们理清思路,找到了为何而存在的理由之后,接下来,我们需要寻找志同道合,而且具备相关技术的人来与我们一起努力。在"招兵买马"的同时,我们需要搭建整个团队的运作架构,需要清晰每个岗位的职责内容,需要思考同工的晋升空间,在人力资源管理方面,我们需要订立员工的激励制度及考核制度,当然,薪酬的制订也需要在我们知己知彼的情况下进行规划。 有了这些基础建设并不代表我们能提供专业的服务,在这个过程中,公益组织需要有专人来担任服务进度的监管与技术指导的角色,而通常在社会服务机构里,督导就是这个把关人。设立督导是为了保证服务的成效并得到服务对象及资源提供方的肯定及认可,从而使公益组织更具生命力,并且能够持续发展,服务大众。 督导需要了解同事是否具备评估服务需求的能力,并且懂得根据这个需求来订立可行的服务目标及服务内容。为了确保同事具备上述的胜任能力,在过程中,他需要及时跟进同事的表现,及时提供指导;此外,督导更需要协助同事做好工作总结,让服务得以进一步完善;同时,督导也需要在同事有需要的情况下,提供在职培训。 最后,就是执行的部分,督导需要协助同事把构思好的服务方案变成行动计划,让服务真正落实下来。这时,督导需要让同事拟定服务推进的时间表,同时,需要定期召开工作会议,监管服务进度以及跟进同事在执行过程中的各种状况,及时提供协助。 所以,一项服务能够成功"落地",并且又能够达到其目标成效,督导在其中发挥着关键作用。

案例二：

透过现象，探究机构内部项目管理模式

上海市香山中学　丁晶

问题描述

纵观现在很多社会服务机构，部分机构通过政府购买项目的方式开展社会服务，而大多数社会服务机构则是借助于街道和居委会的平台嵌入式地开展服务。因此，很多机构为了推动项目的有效运行，会聘请一些曾经在街镇或居委会担任一定职务的退休人员，参与到项目的运作中来，发挥他们的优势，如人脉资源丰富、具有一定的领导力和号召力等。

一天，A 服务点的志愿者负责人为了让设立的服务点 A 增加人气，在未经机构项目负责人知情和同意的情况下，就给 B 居委会的书记打了电话，提出了让 B 居委会的服务对象参与 A 服务点的活动。B 居委会的书记接到电话后，心里非常不高兴：明明答应了在我这里设点，怎么又让我们为其他服务点充人数。在这种情况下，他就打电话到了该机构，表示出自己的不满（案例中的人物关系见图 7－3）。

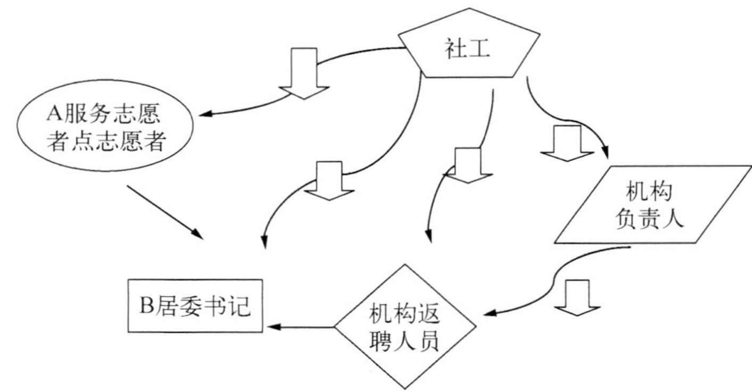

图 7－3　案例中的人物关系图

在这样的情况下，就会产生一些必然的冲突。从社工自身的微观层面上看，作为年轻的社会工作者，如何跟比自己年龄长、资历深、阅历广的前辈相处？如何将社会工作的理念、方式方法与实际工作相互渗透和融合？如何巧妙地发挥自身的工作权限又不会使前辈们感到不被尊重和重视？从项目运行的中观层面上看，作为项目负责人，如何与机构负责人和项目执行的相关社工进行良性的沟通？如何建构完善的项目管理运行机制？从机构管理的宏观层面上看，新兴的社会工作专业方式和管理理念如何与街镇、居委会这样的行政色彩较浓的本土管理制度和文化相融合？作为机构负责人，如何完善机构内部的管理制度，树立专业的机构服务形象，获得良好的社会声望？

续　表

督导策略	根据上述案例中的问题以及设定的督导目标，为使目标顺利完成，采取以下督导策略： （一）微观层面——面向督导对象 社工困惑、纠结和苦恼的情绪是由于社工自身站在非专业的视角看待发生的事件而产生的。督导运用同理的策略和技巧，为社工提供及时的情绪支持；督导运用倾听的技巧，采取复述情节的策略，帮助社工澄清事件发生过程中的人物、人物的角色、地位以及在项目发展过程中的作用；运用图示的策略和方法，帮助社工理清纷繁复杂的人物关系，找到表面关系、本质关系、对事件起决定性作用的关系；运用社会工作专业的视角，分析每一个人物和角色，协助社工认识"私人关系"和专业的"工作关系"的区别，并能进行适当且机智的处理和运用；认识到项目在机构中的运行，应该具有它自身的管理机制，在管理机制的调控下，规范每一种与项目相关的角色的工作范围、工作内容和工作权限，各谋其职，形成合力，从而促进项目在机构运行中的专业化发展。 （二）中观层面——面向项目 面向案例本身，在当前情况下，问题已经发生和暴露，机构内部尚无项目管理的机制。督导应采取问题解决策略，以社工为核心，协助社工建立与之相关的各种关系和良性沟通，以便于解决问题。 1. 社工与志愿者 及时了解服务点上的问题和需要，与志愿者建立密切的沟通机制，并告知志愿者，如有任何需求（尤其是与项目相关的需求），要及时向项目负责人提出，并探讨解决问题的办法；如果需要志愿者直接沟通，也要在社工知情和许可的情况下进行。 2. 社工与居委会书记 首先对由于工作疏漏造成的误解向居委会书记表示歉意，然后就该项目的信任和认可表示感谢，对于能否参加该项目，即在该居委会设立服务点的问题，持中立的态度，因为还要与机构领导详细沟通关于该项目的优势和面对的挑战，对方也是有知情权的。 3. 社工与机构返聘人员 本着为机构负责的态度，在对一件事做出表决时，事先要做好充分的沟通，在彼此尊重、彼此信任的前提下，做出共同的决策，并达成共识。 4. 社工与机构负责人 充分了解机构领导对该项目的定位，向机构如实反馈在实施过程中的问题和情况，并切实地提出解决问题的建设性的建议和想法，从持续性发展的角度提出自己的建议和想法，将机构领导的想法与自己的想法结合起来提出解决方案。

续　表

督导策略	（三）宏观层面——面向机构 目前，大多数社会服务机构是以项目招投标、项目购买的方式开展服务的。一个项目从招投标成功引入机构内部开始，到经过预定的期限顺利完成，这个过程就是项目的运行，而项目运行的成功与否、项目运行过程中服务质量的优劣和项目运行过程中能否体现团队分工合作的工作方式等，都能有效反映出该服务机构的专业化服务水平。由此可见，项目管理的规范化、科学化、合理化，对于一个机构的长效发展起到非常重要的作用。 督导采取个别面谈的服务方式，与该机构的负责人进行了交流。交流过程主要分以下环节： 环节一：就事件本身发生的实际情况与机构负责人进行了沟通。 环节二：与机构负责人共同分析了问题的表象和问题的本质。 环节三：聆听了机构负责人对机构的介绍（包括机构的发展历史、人员变动等情况）。 环节四：提出项目管理的建设性建议。首先，建议机构负责人，召开机构项目管理年终总结会，由各个项目的主要负责人参与，会议主要通过头脑风暴的方式，集中在项目运行过程中的问题和困惑，并对困惑和问题进行分类整理，形成制度性的管理条约（初稿），在小层面范围内宣传项目管理的重要性；其次，对初稿进行审核，听取专业建议，形成项目管理试用条约；最后，形成项目管理制度和流程，并在全机构成员大会上进行宣读和宣传。
督导成效	1. 微观层面——使督导对象专业工作能力得到一定程度的提升 社工个人在社会工作专业关系的建立、处理错综复杂的关系的经验积累、志愿者实务培训以及工作中对上、对下、对外等一切关系中沟通技巧的灵活运用等方面，都有了很大的提升，使其个人在此过程中得到了一定的成长。 2. 中观层面——透过案例的表象问题分析出机构内部项目管理的本质问题 督导梳理了案例中的人物及其人物关系，通过综合分析人物关系由“不愉快”到“愉快”的微妙变化，使案例发生的本质问题得以呈现，透过案例的表面问题分析出本质问题是机构内部关于项目管理的问题，使事件在一定范围内向着良性的方向发展，保障项目的顺利进展。 3. 宏观层面——提出项目管理的初步框架和建议 督导对机构负责人进行了交流与沟通，对机构内部项目管理也提出了具体的、可操作的建设性的建议。希望该机构能够在项目运行管理机制上形成具体的、可操作的、独具特色的项目管理模式，并能以此作为突破，为浦东新区同行业的项目管理起到示范性的作用（图 7－4）。

续　表

督导成效	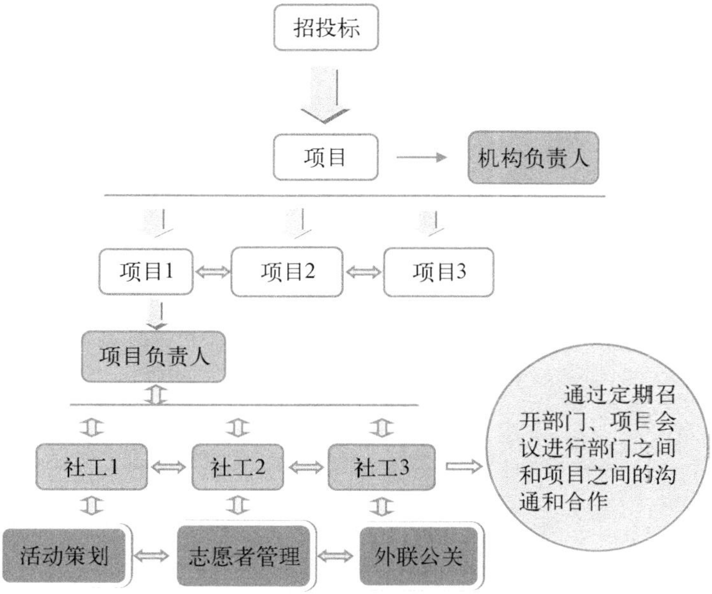 招投标 项目　机构负责人 项目1　项目2　项目3 项目负责人 社工1　社工2　社工3 活动策划　志愿者管理　外联公关 通过定期召开部门、项目会议进行部门之间和项目之间的沟通和合作 **图 7-4　项目管理模式**
社工反思	通过与项目督导面询的过程，社工自身得到了专业的指导和建议，项目的各项工作也运行得相当顺利。在社工的工作中，项目人员间的合作无疑是各社工机构都会遇到的问题，因此，社工如何兼顾各项活动及项目中的工作无疑是对社工本身的一个挑战。在项目运作中，社工也经常会遇到类似的问题。在与督导的面询过程中，督导能加以引导，帮助发现问题、分析问题，理清工作脉络，分清主次，并且在精神上给予鼓励，这些无疑给了社工莫大的支持。 一个项目的运作就像是一个放风筝的过程，社工本身就是一个放风筝的人，风筝能飞多高、飞多远都取决于放风筝的人。而项目督导就像是社工手中的那根风筝线，想要风筝飞得稳当，就得靠“风筝线”的引导，虽然它并不是放风筝过程中的主角，但是风筝线的牵引能让风筝的力量发挥到极致。
督导点评	我们一直认为，只要有政府支持、资金支持、专业的服务团队，社会服务机构就一定能够提供优质的社会工作服务。可是，通过上述的案例分析，我们发现实际情况绝不像我们想象的那样简单。 一个项目从承接开始，到接下来的项目运行，再到最终的项目考核完成，除了达到项目中要求的内容和数据外，是不是还应该建立与之相配套的管理机制？

续　表

督导点评	有效的管理机制是否能够更好地促进项目的运行？有效的管理机制是不是可以让我们“做”得更加科学，“做”得更加专业，“做”得更加顺理成章？最终，有效的管理机制是不是可以让我们更加“社工”？是不是让我们具有更加专业的社会工作服务形象？这些都是值得我们深刻思考的话题。 该案例的发生，具有必然性，而非偶然性；具有代表性，而非个别性。 事实证明，社会工作在中国的发展，具有广阔的需求空间和发展领域。但是，大多数社会工作的专业服务是在原有机制下进行的，这就不可避免地会受到本土文化、本土模式(包括具有很强的行政色彩的管理模式)等多方面的固有框架的影响和制约。另外，目前大多数社会服务机构，都是以政府或者社会购买项目服务的模式开展社会工作服务的，既然是购买服务，就一定伴随着项目考核和评估，由此就会导致为了顺利通过考核和评估而去追求服务的量化指标，在不同程度上忽略了服务的质量和实效。 因此，如何推进社会工作本土化发展，使社会工作更加茁壮，是我们每一个社会工作者都应该去思考、探索、实践并为之不断奋斗的目标。

案例三：

社会服务管理的双重挑战

上海市民政第二精神卫生中心　姚依(督导)

问题描述	该项目与其他社会组织合作，督导对象作为项目负责人，面临与合作机构、执行团队、多个相关方进行沟通、协调、统筹的工作挑战。同时，非专业背景的督导对象还面临如何运用专业理念和方法的挑战。面对这双重挑战，督导将督导重点放在项目管理层面的中观实务上，通过项目书的梳理与优化、专业方法的学习、执行团队的管理来达到最终的督导目标。
督导策略	(一) 项目书的梳理与优化 督导过程：通过与督导对象共同梳理项目书，对项目的目标及服务对象的需求进行了梳理，同时逐条对服务目标进行分析和讨论，指出有哪些限制和不足，也探讨了项目成功指标。讨论框架见图 7－5。 督导策略：与督导对象就项目书进行探讨和分析，通过提出一些可以引导其反思的议题，让其对服务对象的需求、项目的目标、项目服务策略与服务目标的关系有更深入的理解，梳理清楚项目的脉络，为之后更好地开展项目工作打下基础。 督导点评：项目负责人作为项目的执行者，有些会参与项目的设计，而有些则未必。引导项目负责人对项目书提出“疑义”，一方面，是希望借此让其更深入地了解项目的设计思路和理念，为更好地执行项目打下基础；另一方面，也是希望通过关于项目的探讨提升其在工作上的主动性，养成实践与反思的习惯。毕竟，没有“完美”的项目，我们也需要通过项目的执行，不断地验证我们的假设是否科学，哪些是有效的、可行的，哪些是无效的、缺乏操作性的。

续 表

督导策略	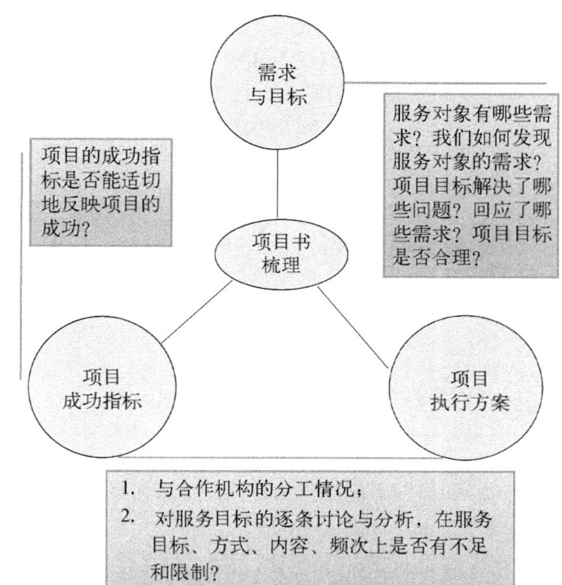 **图 7－5 讨论框架** （二）“心理支持小组”——专业方法的学习与理念的强化 督导过程：与督导对象围绕“心理支持小组”进行需求分析、方案设计、执行监管方面的探讨。讨论框架见图 7－6。 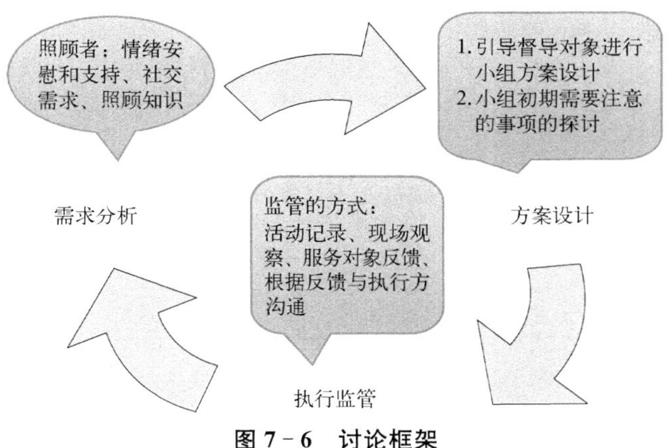 **图 7－6 讨论框架**

续　表

督导策略	督导策略：通过让督导对象参与设计小组方案，来了解其掌握小组工作方法的程度；也可通过实际操练加深印象，在此基础上再给予小组工作专业方法上的指导和建议。因督导对象不是小组的带领者，又与其共同梳理了执行监管的方式，探讨如何更好地实施监管的工作，以保障服务的质量。在后期督导中，进行了一次“小组工作流程”的学习，巩固其对小组工作方法实务的掌握。 督导点评：在该项目中，心理支持小组对于工作方法有一定的专业性的要求。项目负责人虽然可以请相关专业人士执行该服务，但是自身是否有一定的专业服务经验，将影响其对执行者的监管和指导。若缺乏相关经验，将无法判断和发现问题，开展监管工作以确保服务质量。 （三）执行团队的管理 督导过程：主要运用案例分析的方法，与督导对象共同分析和面对在管理项目团队中面临的问题，并且引导其共同思考对策，提升其管理团队的能力。如下为案例分析摘要： 案例（督导对象提供）：当项目负责人发现团队内成员（一线社工、实习生、志愿者等）的能力不能胜任项目工作的需要，应该怎么做？ 督导回应： 首先，从项目管理的角度，给项目负责人提供如下三点技巧： 1. 在项目启动阶段，了解项目中需要做哪些事情，评估团队内成员的优势、劣势，最后，在此基础上进行分工。 2. 通过正式的工作会议，让团队成员明确项目的内容，以及自己的职责在哪里。 3. 项目负责人做到时时跟进，收集执行人员的反馈，发现问题，给予及时支持和帮助。 其次，如果分析团队内成员不能胜任的原因，会发现有很多种解释。是态度问题、能力问题还是项目管理的问题？在分析问题及原因的基础上，再商讨一些应对策略。 最后，我们还是要把人才的培养和储备提升到机构发展的高度去看，平时就应关注和重视人才的培养和储备。 社工反馈：督导的建议让我反思作为项目负责人在整个团队中的功能和作用，督导不应只看到同工不能胜任的一面，也应从项目负责人的角度去思考，如何去有效管理和促进团队成员完成工作任务；我建议机构在平时就应注重引进和培养实习生，在其中挖掘潜在的未来员工。 备注：以上为督导记录摘要，部分内容有缩略。 督导策略：通过不同案例的分享，了解到项目负责人在团队管理、与合作方沟通方面有诸多困惑；通过针对具体事例的分析和探讨，帮助督导对象学会应对和处理各种关于管理方面的问题。

续　表

督导策略	督导点评：在项目执行过程中，有时候现实并不如设计的那样按部就班，此案例中"人"也是一个不可控因素，会有很多意外情况发生。一方面，在项目设计中要有相关的风险预案；另一方面，项目负责人要有应变能力，在督导过程中，除了直接给予建议和回应，也要了解督导对象有何解决方法，引导其运用自身能力提出解决方案。
督导成效	通过一年的督导，结合不同的督导方式和方法，督导对象不仅初步内化了社会工作的理念，还通过方案设计、案例讨论等提升了服务方案设计的能力，其中包括专业小组工作方法，并且还提升了服务内容管理、项目团队管理方面的能力。 首先，督导对象明确和强化了需求为本的社会工作理念。通过不同案例的讨论和分享，督导对象梳理了项目书中各服务目标与需求，多次针对服务方案进行讨论或设计。在此过程中，督导观察到督导对象能以需求分析—回应需求—制定服务目标—制定服务策略为逻辑框架，进行活动执行方案的完善和设计。 其次，督导对象提升了项目设计能力。在督导策略中，以"心理支持小组"为例，帮助督导对象掌握和学习小组工作专业方法，并且对其他案例进行模拟练习和讨论。督导对象表示，多项服务案例的讨论与模拟练习，对其提升项目设计能力有帮助，帮助其激发了灵感和创意，梳理了思维框架。 再次，通过初步的操练和学习小组工作方法，督导对象对于小组工作专业方法有所了解，并且能够独立设计相关小组工作计划。由于督导对象未承担小组带领工作，督导未能从小组带领和控制技巧方面给予指导，帮助其提升小组工作方法带领能力，因而建议其能有实际的带领经验，可以更好地操练和掌握小组工作带领技巧。 最后，督导对象在执行团队管理、执行监管方面的能力得到了一定的提升。在督导过程中，通过多个案例的分析和探讨，督导给予督导对象直接建议，并且引导其提出解决应对方案。在督导后期，督导对象分享了由其总负责开展的服务项目的实施情况，此服务项目涉及机构合作，需统筹管理多个街镇的居委会干部。通过在此项目中的沟通、协调、管理工作，督导对象在统筹、协调、管理方面的能力有了一定提升。
督导点评	回顾一年的督导过程，除了项目管理、社会工作专业方法、社会工作专业理念上的指导，也有支持性督导，包括提供情绪支持、探讨个人成长方案等。由于篇幅有限，本案例主要呈现和聚焦微观和中观社会服务实务的督导工作。同时，回应本案例名称"社会服务管理的双重挑战"，分享以下个人的思考： 首先，何为社会服务管理面临的双重挑战？我认为，一方面是管理工作的挑战，另一方面指确保社会服务质量的挑战，后者对社会服务管理人才提出了专业理念和专业工作方法上的要求。 其次，对于"社会服务管理人才的成长"谈几点看法。 1. 从行业角度，倡导行业协会、社会组织支持性机构为社会服务管理人才提供兼顾管理方法与专业理念、专业工作方法的培训培养方案；尽可能利用现有的督导资源，增加对社会服务管理新人的技术支持，并根据需求提供督导服务。

续 表

督导点评	2. 从机构角度，建议营造良好的工作环境，整合和协调相关资源，以支持社会服务管理人才的成长，使得机构成为新人面临工作挑战和障碍时的有力后盾和温暖港湾。 3. 从社会工作者角度，鼓励其勤于实践，重视工作反思，关注、重视自身专业成长。 (1) 在社会服务管理岗位上的社会工作者要能够处理好管理工作与一线社会服务的平衡，通过亲身参与、体验、实践社会服务，提升对抽象专业理念、方法、理论的理解和掌握，通过实践、反思达到知行合一的目的。 (2) 在开展工作中，思考“为什么要这么做?”和思考“要怎么做?”同样重要，在不断思考工作使命、服务目标中确立和强化自己对专业理念、专业价值的认同。 最后，我很荣幸能通过分享案例的方式与公益同行们进行专业上的交流，在此，我也倡导给予公益新人们更多的鼓励和支持！面临“社会服务管理的双重挑战”的公益新人们，你们准备好了吗?

案例四：

项目沟通管理顺畅，项目进度“分分钟搞定”

上海公益社工师事务所　舒启燕

问题描述	在上海浦东新区民政局面向社会进行公开招投标的一个为老年人服务的项目中，主要存在着以下两方面的问题：一是部门间配合不顺畅。本项目由业务部负责，而康复服务是由综合服务部来提供的。业务部实施项目时往往难以对接到综合服务部的服务。二是服务对象实际需求与项目标的不匹配。项目团队成员在实际实施项目时，碰到康复服务没人需要的情况。由于项目已经落地，更改服务标的的可能性较低，所以在督导的过程中基本不涉及此问题。
督导策略	在与督导对象商定督导目标时，我们发现“浦东新区老年人心理关怀项目”在实施过程中没有顺利进行的很大一部分原因是，项目人员彼此在具体执行中缺乏有效沟通，无论是沟通方式，还是传递的信息内容都存在着一定的欠缺与偏差，且整个项目组缺乏相应的沟通管理机制。所以，在督导的过程中，我们主要围绕提高项目组的沟通管理能力来进行。 在整个督导过程中，由于督导对象本身有着比较丰富的项目管理能力以及一定的工作经验，因此督导的策略是以讨论和分享为主，共同发现问题、分析问题并解决问题。 (一) 具体目标1——通过协助督导对象梳理项目执行过程，找到产生沟通管理问题的原因，商讨出合适的解决方案 首先，我们通过讨论让督导对象对项目涉及的所有相关人员进行充分的了

续　表

督导策略	解。相关人员包括项目委托方(政府)、项目落地方(街道)、项目实施人员(社工和护理员)以及项目受益方(服务对象)。在督导的过程中,督导和督导对象就以上这些相关人员进行了梳理分析,对每个层面的相关人员都进行了详细的评估与区分,针对不同的相关人员存在着的不同情况,以及项目进行到不同阶段需要的不同沟通类型进行深入的讨论。 其次,为了使项目组的每个成员都清楚地知道自己的职责以及加强项目的执行力,在制订沟通计划前,督导建议不仅由督导和督导对象来制订沟通问题的解决方案,也需要项目组的其他成员参与其中,在项目组中成立编制沟通计划的小组。该小组成员主要是项目的实施人员,以讨论会的形式,通过头脑风暴的方法,让项目的实施人员一边梳理项目中存在的信息沟通问题等方面现状,一边制订初步的项目进展各阶段的沟通问题的解决方案,商讨并制订了各自不同的沟通计划。 (二) 具体目标 2——协助督导对象制定沟通管理机制,提升项目的信息收集和传输的能力 在接下来的督导过程中,督导对象及时成立了由项目实施人员参与的编制沟通计划小组。在督导主持的讨论会中,项目实施人员就沟通中已经存在的问题和即将出现的问题进行了充分阐述。在讨论的过程中,督导对象也更加明确了项目组成员对项目的了解程度、重视程度和支持程度。根据项目组成员讨论的结果,大家协商一致,确定了在今后项目的实施中需要重视与改进的几项制度,如例会制度、汇报制度、反馈制度等,通过多次讨论,逐步确定了项目组内部沟通机制,厘清了信息传递环节。此外,项目成员也利用讨论会的时机,讨论了他们自己对项目的期望成效,以及实施项目过程中需要机构层面支持与协助的部分。 (三) 具体目标 3——协助督导对象对项目的进展过程进行监控管理,不断完善在项目实施中出现的沟通管理问题 在督导的最后,督导与督导对象就项目沟通管理在具体操作过程中的实施情况进行反思和总结。 我们发现,在项目实施的每个阶段,项目沟通管理的侧重点都会有所不同。比如,在项目实施的初期,项目的受益方是沟通的重点,项目实施人员需要充分了解及掌握他们的需求情况,双方需要进行多次深入沟通才能评估出项目受益方的具体需求在哪里。而在项目实施的中期,通常需要与项目的落地方和委托方进行沟通,搜集项目的建议和意见,便于项目在接下来的实施过程中进行及时调整。 根据项目实施单位与所承接项目的特点,我们尝试在项目实施方由多个部门组成的情况下,在多个部门之间都安置一名信息沟通联络员,沟通联络员可以及时汇总信息,及时发布和传递信息给其他部门,并及时监控信息的更新与准确性。这一制度能明确责任到人,并减少信息偏差。
督导成效	通过督导,督导对象厘清了项目实施过程中在项目组内部存在的沟通问题,明确了问题产生的原因。在全体项目人员的努力下,项目组沟通机制逐渐完善,项目沟通管理成效得到提升。

续 表

督导成效	在督导结束后，督导对象与项目组成员都反馈，项目组内部的沟通变得更加顺畅了，成员获得的信息更明确，信息偏差与不对等情况减少，各部门的信息联络员及时搜集信息，信息的发布口径统一，项目组改良后的信息沟通制度也得到了保持与贯彻。 首先，督导对象及其项目组会把必要的、重要的沟通以定期月度例会的形式进行，在月度例会中以书面形式进行总结和汇报。每次会议都做好详细的会议记录，在每次会议前先回顾上一次的会议主要内容。如果会议上提出的问题没有当场解决，在会后会及时将问题进行整理，并开展专题小组讨论，在5个工作日内商讨出解决的办法，且以书面的形式反馈给与会人，并在下一次会议中进行分享。 其次，对于一些较为简单的小问题，督导对象及其项目组会采取及时沟通的方式。比如通过电话、邮件或者QQ、微信等进行沟通联系。在沟通难以取得进展的情况下，再召开专题会议进行讨论。此外，项目成员会将每天在工作中遇到的问题都记录下来，不能自行解决的，就及时与其他组员及督导对象联系，寻求帮助。即使是自行能解决的问题，也要在月度例会中进行分享。 最后，为了更好地节省沟通时间，提高工作效率，无论是会议制度还是汇报反馈制度都规定，在每次讨论前，提出问题的项目组成员都需要先梳理出问题的症结所在，并想好预期的解决方案以及需要得到怎样的支持。这一措施也大大地提高了项目组沟通的效率。 通过督导和督导对象的共同努力，在项目结项阶段，项目完成率达到100%。
社工反思	回顾本项目各阶段的实施情况，我们发现在项目初期，有很多项目进度滞后的情况。出现这种情况有很大一部分原因是项目沟通不顺畅，没有明确的沟通流程，一直没有做到把问题解决在出现之初，以及大家因为忙而约不到时间等。其实除此项目之外，我们所承接的其他招投标项目也有类似的问题，所以选择项目沟通优化作为主题，希望借助社工督导的专业力量为我们解决项目实施过程中发生的这一典型问题。 在流程设计调整和优化中，我们还是遇到了很多困难，如时间节点设置完之后依然会因各类突发情况而改变，一些边界问题的分工有分歧，流程增加导致各工作人员的技术疲劳等。但总体上，我们通过或长或短的沟通甚至提醒，让其他部门也了解到了我们的指标压力。同时，我们对其他部门的工作压力也有了一定了解。通过时间的积累，我们对沟通频次、大小事物的沟通模式、沟通对象选择等方面都有了一定的量化标准。最终，在项目督导的帮助下，我们于项目结题前完成了相应的项目指标。
督导点评	随着社会工作服务精细化、科学化管理的发展，项目的沟通管理就显得越来越重要。很多时候，项目沟通管理的有效程度会直接影响项目的进展情况。有效的沟通管理会让项目达到预期的目标，保证服务的成效与质量，反之则不然。

续　表

督导点评	在半年左右的督导过程中，督导对象充分利用了每次的督导时间，呈现问题的同时会提出解决问题的方案，在很大程度上提高了督导的效率。此外，督导对象会及时反馈督导的成效，便于督导及时完善督导内容，改进督导策略。在本次督导过程中，虽然项目实施过半才开始督导，但是通过有效的沟通和督导，在项目结束前项目的指标都顺利完成了，这和督导对象本身的努力和能力是分不开的。 除了在项目内建立了有效的沟通管理机制外，督导与督导对象之间也建立了有效的沟通方式，避免了双方对问题产生原因的不一致看法。同时，通过及时有效的沟通，督导与督导对象能及时发现问题并且能够快速解决问题，从而保证项目的顺利进行，确保了项目的服务质量。但是，在督导的过程中仍然会出现一些遗憾。比如，督导时间的有限性使得整个沟通管理体系还未达到精细化，目前的沟通管理只是在最初级的阶段。另外，督导与督导对象所服务的领域不同会导致双方无法及时了解对方项目的信息。

案例五：

“以心换心”，构建和谐团队

——社会工作理念在团队管理中的应用与尝试

上海浦东新区我和你助残服务社　曹正

问题描述	（一）如何成为一名成功的团队领导者； （二）如何处理团队中出现的分歧与问题； （三）如何结合、运用社会工作的专业理念与方法管理团队。
督导策略	（一）如何成为一名成功的团队领导者 1. 社工的工作现状与需求 社工目前担任机构项目主管一职，针对嘉定区3个助残领域的公益项目开展项目进程把控、项目信息宣传、项目团队管理等工作。对于项目团队的管理，社工缺乏一定的实践经验且存有较大疑虑与需求，希望得到专业督导的支持与帮助。 2. 故事分享，引导社工重新诠释“团队管理”的定义 在一次个人督导服务中，督导老师将一则小故事与社工进行分享。通过划出重点语句、圈出关键字、设计故事标题等富有趣味的形式，督导与社工探讨了故事中关于团队管理的暗喻，并从中梳理出一个成功的领导者需要具备的能力或特长，具体如下。 （1）游说能力：善于劝说其他团队成员以统一目标完成任务，同时也能较好地表述团队计划或方案。 （2）处理能力：及时、客观地处置出现或即将出现的团队负面情绪、冲突。

续　表

督导策略	（3）调整能力：针对团队分歧所导致的计划、方案偏差，有效做出调整。 （4）鼓励与赞扬："尊重、不批判"的社工理念同样适用于社工团队，而且可以激发团队活力与能力，使团队成员从被动工作转变为主动付出。 （5）强调"优势视角"：挖掘与培养团队成员的兴趣、特长与优势，合理配置岗位与职责，发挥团队的特长与协助性，使社工服务事半功倍。 （二）如何处理团队中出现的分歧与问题 1. 问题的处理与技巧 在项目服务周期中，为了能更好地满足服务对象的阶段性需求，项目团队往往需要定期开展项目例会，及时讨论、调整服务计划或方案，免不了有些意见上的分歧与冲突。这就需要团队领导者具备一定的应对、协调技巧。督导与社工就此情况开展交流与探讨，总结出以下回应方法与技巧。 （1）分工与合作（问题产生前）。督导建议社工，一些核心技术（或知识、工具等）不应集中在一个人的手中或身上。虽然社工角色在某种层面被定义为复合型人才，但在项目服务中，需要将职责、岗位、知识、工具等进行充分与恰当的分配。同时，既要有明确的分工，又要有"搭档式"的合作，如制定岗位 AB 角，以免在人员流失时导致团队无法完成预先计划等问题的出现，做到预防在先、有备无患。 （2）倾听与回应（问题产生中）。督导认为，社工的基本理念与工作方法就是倾听服务对象的感受与以同理心对待，因此，在团队共同出现情绪或分歧时，督导应倾听社工当时的心情与想法，试着理解他们的感受，这样往往能理性分析出问题产生的原因或解决方法，同时适时地给予积极回应与反馈，加以人文关怀与情感支持，处理并化解分歧。 （3）关注与引导（问题产生后）。督导与社工探讨，其实"助人服务"和"团队管理"都是持续的过程，当问题出现并给予积极回应后，应当阶段性地予以关注。通过直接访谈或书信、微信、邮件等间接交流的形式，提供情感支持与问题回顾，协助团队成员走出因分歧而产生的负面情绪，将他们的注意力与精力引导回专业服务中，避免出现消极情绪、敷衍态度，以免损害服务对象的利益与机构的形象。 2. 团队关系的建立与维系 社工与督导认为，日常的团队关系建立与维系往往比解决问题更重要，为此除了建立科学的沟通、例会机制，增进交流与友谊之外，还需要给予人性关怀。 （1）强调"心"的重要性。将机构的服务宗旨"从心开始，始于爱心，以心换心，终于满意，创造感动"贯穿于日常关系的维护之中，提升团队的凝聚力。 （2）团队的爱与奉献。与（1）略微相似，但却是从意识向行为的转变，同时也是个人的"爱"向集体的"爱"的升华。以集体、组织的形式，通过实际行动，如协助、关怀、照顾、分享、同理等方法，拉近与团队成员之间的关系、情谊，达到关系的维系与提升。 （三）如何结合、运用社会工作的专业理念与方法管理团队 简单来说，可以结合社会工作 EPS 的理念与模式，尝试开展团队管理，激发团队活力。

续 表

督导策略	(1) E(empowerment),充权,也叫赋权、增权。社会工作的重要目标是去帮助服务对象充权。在团队中,团队成员(社工)也同样需要充权,而且是源源不断地充满,没有停歇。通过充权,团队成员始终能调动积极性、发挥主观能动性,以"主人翁"的心态参与团队决策与实际服务,为服务对象提供更专业、优质的社会服务。 同时,充权还有三个层面的意思,即个人充权、人际充权、制度充权。这样,团队成员不仅能在发挥个人特长、优势时得心应手,在整个团队建设、管理与机构制度制定时也能参与其中,行使权力。 (2) P(participation),参与。通过积极引导、鼓励团队成员参与团队决策、制订计划或方案等行为,让团队成员发挥强项及获得充权。团队领导者不应该替成员做决定,而是应该尽量让他们参与,由整个团队商讨并实施。 (3) S(strengths),极度相信团队成员有能力、有强项。团队成员特别需要团队领导者的信任与支持,在日常工作中,领导者往往需要发觉、观察团队成员的特长与优势,并加以引导、培养,给予时间和实践机会,协调、配置好团队架构,在各个成员擅长的空间与领域内互助、协作,完成目的与任务。
督导成效	社工从事社会工作已有 7 年时间,虽有长期的一线工作经历但对于团队管理可谓是"摸着石头过河",通过为期 1 年的浦东社工协会督导培训计划,在加深专业理念、学习服务技巧的同时,更多的是与督导老师交流"团队建设与管理"的话题。因此,在秉承专业理念与人事关系维系相结合的原则之上,做了一些尝试,在此与大家分享。 1. 在思想上,始终相信每一位团队成员拥有继续成长及发展的潜能。 2. 在日常工作中,多留意细微或不显眼的事,如一个不经意的动作、眼神,甚至是话语,都在潜意识中投射出团队成员当下的心情与感受,特别是当团队出现分歧时,及时把握时机,对成员的负面情绪、不稳定心理进行引导,往往能有效缓解、化解冲突与麻烦。因此,这便要求团队领导者做一个细心的人,培养善于观察的能力,化解矛盾,发觉团队成员的优点与变化。 3. 不要只看重问题,也要多谈兴趣或喜欢做的事,特别是了解成员过往的历史、工作与成就,从"心"建立团队关系。在团队互动与工作磨合中,要多了解问题背后的原因,善于运用团队的爱与温暖给予成员关注与引导,同时结合每个人的优势,为他们提供施展特长的空间与领域,对待每一位成员就像对待每一位服务对象一样,希望并相信他们拥有进步、改变的能力。 4. 各位团队成员才是自己的专家,最了解自己的问题。团队领导者应放下自己的身份,与成员一起参与团队活动、服务,并且多从成员的强项及能力入手,重新分配岗位。例如,给入职时间较短的成员分配一些专业性较强的工作,在团队领导者、督导的协助下,开展专业服务与事后反思,能较好地促进服务方式的转变与调整,加深技巧与印象,从而达到自我成长的目的。又如,将项目服务的内容进行"活动类""督导类"的定位与区分,配置不同特长、类型的团队成员,发挥各成员的特长,促进团队综合实力的提高。 5. 令团队成员有机会去参与新的尝试或挑战,多与他们一起经历这些新尝试。只有和成员们一同参与,才能发现更多的长项,提升团队能力。例如,今

续 表

督导成效	年嘉定区助残公益项目除了既定的项目服务计划之外，项目团队还不时接到项目出资方的其他工作，如区残联工作的监察协助、材料收集、装饰布置等非专业、非项目服务，这对于项目团队来说是压力，更是挑战。但在社工看来，作为领导者就需要带领整个团队面对困难与挑战，也需要及时拿出解决方案与计划，与成员们一同经历与处理问题，最终将目标完成。
社工反思	首先，对于愿意分享经验、友善诚恳的督导老师表示感谢，通过近一年的督导学习，社工们受益匪浅，不仅加强了理念认同和专业水平，对于“督导”更是有了全面的认识与了解。 其次，在督导学习与分享中，探讨最多的是“团队建设与管理”的话题，因为这个主题对社工来说是新的工作方法、新的管理模式，因而也曾一度对此充满了担心与疑虑。好在有督导老师的支持与同行，社工才能在此分享心得与感受。 最后，对于督导服务，社工有如下反思与感悟。 1. 社工与督导应该是伙伴关系，既相互扶持又彼此合作。在社工面临困难与改变时，可以寻求督导的支持与帮助，哪怕只是片刻的倾诉或微微的指点，都能指引社工一步步走出困境。因此，督导者的培养与实践，是社工今后努力的方向。 2. 社工通过督导服务，学习到科学、实用的团队管理方法与技巧，如游说、鼓励、调整、观察、优势视角、EPS 模式等，将其运用于日常工作中，通过运用成员信息梳理、岗位优化、个人发展探讨等方法，为提升团队综合能力与协作性做了一定的探索与尝试。 3. 在团队建设、人事管理中强调社工元素、社工理念，是社会服务机构区别于其他企业、公司的重要标志，能在机构管理、体制中就融入社工元素，才是坚持走专业发展的保障与根本。
督导点评	很开心看见你的成长！ 我们一再强调自己要做专业的社工，追求自己的理念、能力和技巧的提升，但是往往会忽略社工也是团队中的一分子，欠缺了团队的支持，个人很难提供专业的服务。你会思考个人在团队中的角色，会探索如何带领同事，发挥团队的力量，这是一个很好的视角。 我们在带领团队的过程中讲求管理手法，通常会严格要求同事，目的是有效地为服务对象提供更好的服务。这样一来，管理目标也会达到。但是，如何能彰显出这是社工的团队呢？同事在当中又如何把社工的理念带到服务中，去改变服务对象的生命呢？管理技巧千变万化，因人而异，但有一个原则要把握：把团队中的每一位同事都当成自己的服务对象。 很认同你的观点：用“心”去建立团队关系，因为团队关系的建立比解决问题更重要；在团队里讲求爱和奉献；把社工的理念，如平等、尊重、EPS 模式等先在同事中实践，以至我们会用“心”去关心同事的情绪，发现他们的需要，相信他们的能力。在这样的氛围下，同事在服务过程中也会潜移默化地把这种和谐与爱带到服务对象当中，因人而起的团队问题也会减少，受益的将是整体。 我们在工作时是社工，在管理团队时也是社工，在生活里更要做一名社工，里外合一，才是我们最大的追求！

第三节　机构成长

督导工作的开展，一方面促进了被督导者的成长，另一方面促进了团队的成长，更重要的是促进了机构的成长，机构的成长主要体现在督导制度的建立及其对机构的促进。

案例一：

质量为本，探索适宜的矫正督导之路

——中和所督导队伍发展概况

上海中和社区矫正事务所　田苑

（一）成立背景

上海中和社区矫正事务所（简称“中和所”）作为本市首家区域型社区矫正社工机构，面向浦东新区近万名社区服刑和五年内刑满释放人员，提供专业化的帮教服务，开启了社会组织助力特殊人员回归的新篇章。

中和所成立于 2011 年，但矫正社工队伍早在 2003 年已经成立，目前共有矫正社工 130 余人。随着矫正工作的不断深化，矫正社工队伍的不断壮大，对于矫正社工专业化的要求也越来越高。如何保持、维系和提升现有人才，进一步提升服务质量，是摆在机构面前的难题。培养与成立机构内部督导团队，建立机构内部督导体系势在必行。

（二）成立过程

中和所早在成立之初，即邀请高校的专家、学者组成专家督导团队，对机构的发展与专业方向建言献策，他们在技术支撑与理论背景方面给予社工莫大的帮助。但是，对于本土化的矫正社工所面临的现实困境，国外的理论并不完全合适，国情、社情的不同导致社工在处理问题时大多仍旧以经验、本能应对，缺乏标准化的指导。

2012年起中和所一方面通过“走出去”的模式推荐资深社工参加浦东社工协会督导队伍培养计划，在经历近两年的培训与实践后，先后有2位社工成为浦东助理社工督导师；另一方面在机构内部根据工作年限、专业背景、绩效考核等综合考量，通过自愿报名、笔试、面试等方式层层选拔机构中级社工成立见习助理督导队伍，至今共有7名见习助理督导，对新进社工与年限较短的初级社工开展定期督导。由此机构内部督导团队基本形成（见图7-7）。

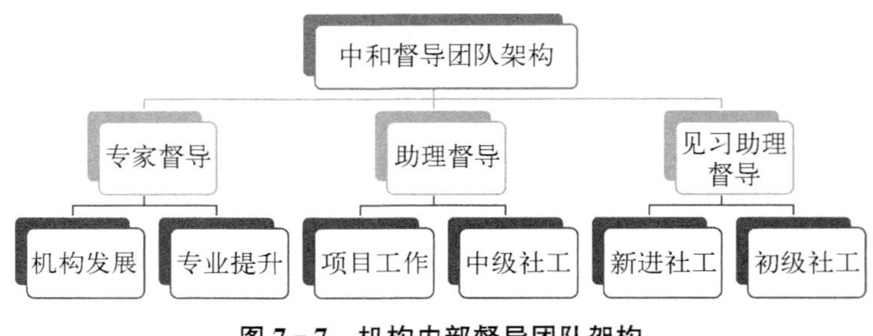

图7-7　机构内部督导团队架构

（三）督导作用

中和所的矫正社工由于工作性质与要求的特殊性，除了专业化的社工服务外，还承担了较大的辅助执法等行政性工作，这导致许多社工整日忙于应对这些行政性事务，而无暇顾及自身专业知识的提升，缺乏梳理、总结、归纳、提炼有助于推进专业能力提高的动力。督导团队的成立对于机构专业化发展更多的是一种引领，对社工自身的能力建设具有导向作用。中和所社工分布在全区36个街镇，平时的“散养”模式导致社工对于机构较缺乏归属感，特别是对于新社工与工作年限较短的初级社工来说，经验与技巧的缺乏导致他们在具体开展工作中障碍重重，而服务对象的特殊性（大部分属于非自愿对象）则导致社工自身价值感较低，缺乏工作动力，从而造成人才流失。因此，组建内部督导团队，可以将督导作为人力资源维护的途径并委以重任，发挥督导在整合机构与个人价值中的媒介作用，保持机构与个人不间断的沟通，从而使机构人员达到稳定。

（四）发展方向

中和所的督导发展尚处于起步阶段，督导本身的专业性程度、伦理判断能力仍需要进一步提升，督导功能的发挥、督导成长空间与发展方向也需要进一步探索，完善督导管理制度、扩大督导梯级队伍培养将作为接下去中和所督导发展的首要目标与任务。

人才永远是企业最宝贵的财富，而对于社工机构来说，社工督导是一个优秀社工机构所不可或缺的财富资源，他们是保障社工机构所提供的服务品质的"质监员"，也是机构理念文化阐述的倡导者，更是增加机构竞争力的原动力。中和所的督导发展，我们还在路上。

案例二：

乐群督导工作的发展

上海乐群社工服务社　朱蓓

2017 年 1 月，上海乐群社工服务社（简称"乐群"）正式成立了督导培训部，负责规划、管理和推动机构整体督导及培训工作，为机构同工提供专业指引与支持，并对服务过程和质量实施监督，确保同工在良好的状态下，提供符合机构期待的、优质的服务，为机构早日成为"最具专业性的社会服务机构"而努力。

今时今日，乐群能正式成立督导部门绝非偶然，而是因为乐群在督导工作上有较长时间的积累，一直在实践中不断为之努力。

乐群最早的督导工作始于 2004 年年初，中国香港基督教服务处（HKCS）钱绮莲督导的到来，开启了乐群的督导工作，我们亲切地称她为钱小姐。钱小姐是中国香港基督教服务处的资深社工，她的到来实质上也代表着 HKCS 对乐群的支持，那时督导在我们心目中的印象就是亲切、专业并值得信任。虽然刚刚开始有督导，但是督导工作却十分规范，至今受用。从那时起，我们就有了定期的督导面谈、团体督导沟通，也在那时建立了"社工日志制度"和"督导回复制度"：同工按时提交日志，督导按时回复日志，紧急或需要面谈的，约见督导沟通。往来间，留下的不仅仅是文字和记录，更是同工与督导交流、沟通、共同努力的过程。钱小姐为乐群提供的督导工作，使乐群同工在专业成长和信念坚守上获得了极大的支持，也为乐群同工理解督导工作的重要性并持续开展督导工作奠定了重要的基础。

随着乐群的不断发展，机构用 3 年时间由最初的 6 人逐步壮大到 16 人，服务领域也从学校社工拓展到长者院舍服务、社区服务领域。人多了，服务项目多了，督导更重要、更必要了。显然，只有一位督导是远远不够的，因此我们尝试新的模式，即“机构总督导督导部门负责人”与“部门负责人督导部门同工”相结合的“分级督导”。从此乐群除了总督导，还有部门督导，共同为乐群专业服务的开展保驾护航，这也是培养本土社工督导的最初阶段。为确保“分级督导”的顺利进行，机构逐步制定了督导工作制度，规定了督导工作的要求。这种“分级督导”的模式，成了乐群长期开展督导工作的重要模式，并随着实践日益发展和完善。

至 2017 年督导培训部成立，乐群督导工作已有 13 年的“历史”，督导是与乐群开展服务一路相伴的。针对乐群的现状，我们制定了督导培训部工作的三年规划，从督导、培训提供，督导梯队建设，培训师培养，服务内审，对外输出督导培训服务等不同的方面，制订了详细的计划，期望通过部门的运作，促进和保障机构专业服务的提供，为乐群早日成为“最具专业性的社会服务机构”而贡献力量。目前乐群有近 70 名同工，已经是一个中等规模的组织，“分级督导”的模式也得到了进一步的深化，整个督导 T 队包括督导顾问、机构总督导、部门督导、督导助理，通过大家的协同工作，形成了督导工作的“伞状”网络，使专业支持和监督尽可能覆盖到每个工作小组、每位同工，最终确保我们的服务水准。

可以说，乐群的督导工作经历了三个主要阶段：一是香港地区督导直接督导阶段；二是香港地区督导培养机构内部督导，两者相结合开展督导工作阶段；三是机构形成较完善的督导体系，全面开展督导工作阶段。经过多年的积累，目前乐群已有 8 名获浦东社工协会认证的助理督导，内部拥有具备助理督导能力的资深社工不少于5名。我们的督导力量是强大的，每位督导都在每天的服务中发挥着督导的作用，为实现优质服务而努力。

在乐群督导工作从无到有、从青涩到成熟的过程中，少不了外部力量的无私相助和实际支持，如中国香港基督教服务处、浦东新区社工协会等这些年直接提供的督导服务，还有许多有关督导能力培养的培训，为我们督导的成长创造了条件；一些对外提供督导的平台，使督导学有所用，不断总结经验。所以，乐群的督导团队期望在做好自身工作的前提下，为浦东的督导工作贡献一份力量，共同为社会工作的成长与发展尽责。

案例三：

乐耆督导制度的建立及成效

上海浦东新区乐耆社工服务社主任　姜月

上海浦东新区乐耆社工服务社（简称“乐耆”）于2008年5月注册成立，是一家专门致力于推动老年社会福利事业发展的民办非企业组织，业务主管单位为上海市浦东新区民政局。

乐耆是专业服务老年人的社会工作服务机构，其社工深入养老机构和社区开展专业服务，委托和协助管理多家社区为老服务实体（日间照料中心和综合为老服务中心）；同时，还为居家养老服务对象、独居老人、丧偶老人、老年志愿团队等提供多元化的社工专业服务。

乐耆现有服务地区包括上海市浦东新区、宝山区等地区。服务社采取驻点服务模式，目前在上海有7个服务点，所有的一线服务社工都在服务点办公。这样的服务模式，让社工有更多机会接触服务对象，利于社区走访以及服务开展。与之相应的，驻点服务模式给管理带来了两个突出问题。第一，团队的凝聚力不够。社工和机构总部接触较少，对于总部的支持感受不深；各个项目组之间的互动不多，一年见几次面，很多人员都不熟悉。第二，服务成效不一致。由于社会工作服务的成效和社工的能力、水平和理念相关，各个服务点即便是做相同的项目，产生的效果却不尽相同。

2016 年，乐耆在浦东新区社工协会的支持下，在机构内部建立了督导制度。经过一年的尝试，督导制度取得了一定的成效。社工的凝聚力大大提升，社工对机构的满意度大大提升。离职率从 2015 年的 32.4%下降到 2016 年的 13.8%。下面就从督导人员、督导制度运行和督导的支持体系几个方面简单介绍一下乐耆社工服务社的督导模式。

（一）内部督导制度的建立基于合格的督导人才

乐耆社工服务社参加了上海市浦东新区社会工作协会承办的督导培养计划。多年来，乐耆有 3 名社工获得了助理督导的资格认证，并且持续进行督导学习。这 3 名同事有一线实务工作经验，接受了 1～2 年系统的培训和现场指导，成为机构督导计划的主力军，担任起机构内部督导的任务。督导培养是一个漫长的过程，有这样的基础减轻了机构培养人才的成本，带来的回报确是巨大的。

（二）督导制度运行促进了内部交流

乐耆的跨组督导模式促进了内部交流。乐耆社工服务社在上海浦东及宝山的多个街镇都派驻了社工。很多同事入职即被派往各个项目组，和机构总部以及其他项目组的同事交流不多。尤其是在临港等偏远地区，同事都不能认全其他项目组同事的名字。这样的方式造成机构凝聚力不足，大家很难产生一种向心力。机构有定期的团建、旅游，但是收效不明显。

督导制度让本项目组的督导对其他项目组的同事进行指导，这样增进了组间的交流。督导成为向其他项目组输送经验的通道，同时也能将被督导项目组中好的做法带回到自己的工作中。

（三）督导辅导安抚了社工的情绪

社工督导开始在各个项目组之间工作时也遇到了很多困惑，比如对于年长的资深社工如何督导，社工对督导不了解等问题。机构借助员工会议向大家介绍督导的来源及工作定位，希望能够在情绪上给予同事支持，同时督导也遵守伦理，为社工进行保密。渐渐地，社工开始信任督导，能够向督导敞开心扉，讲出自己工作的想法和困难；督导则能安抚社工情绪并给出专业上的建议。社工越来越认可督导计划了。

（四）督导体系获得机构支持

为了保证督导体系的完善，乐耆还聘请了中国香港地区的社工作为我们机构督导计划的顾问。督导顾问根据目前机构发展的特点，设计了督导的任务、目标以及督导的方式。对于第一年，乐耆的督导目标就定位在对社工的情绪支持和项目组间的信息交流上。

同时，机构也非常重视督导的建议，积极采纳督导提出的解决方案。督导们一直在分析乐耆同事的离职原因。他们发现，离职较多的是工作半年的同事，离职原因是对工作内容了解不够，因此他们设计了新员工入职培训的内容。经过培训，新员工了解了乐耆的发展和工作方法，也实地体验了工作环境，再正式走上工作岗位。该新员工入职培训方案已经在2017年实行。

试行了一年的督导计划后，乐耆产生了明显的变化。督导也完善了每次督导的记录体系、反馈体系，让督导获得的信息能够为机构的发展提供更有力的建议。我相信，乐耆在督导制度的运行过程中能够取得更大的收获。

附　　录

附录一：浦东新区社会工作督导大事记

2010 年

3 月，浦东社工协会组织关于“督导”的讨论沙龙，拟开展“社会工作督导能力建设”项目，旨在培养一支社会工作的专业督导队伍。沙龙邀请了包括中致社区服务社、乐群社工服务社、屋里厢社区服务社等在内的 6 家社会组织一起参与讨论。

2011 年

种子计划项目启动。

3 月，为期三年的浦东社工督导培训计划完成“种子”招募，第一期“种子计划”正式开始培育社工人才。

2012 年

新芽计划项目启动。

3 月，浦东社工督导培训计划“种子计划”学员赴中国香港地区实习。

2013 年

增设督导考核。

5 月，在浦东公益园，召开了“浦东新区社会工作协会督导专业委员会”成立暨专项工作研讨会议，会议邀请了各督导委员会成员以及督导培养项目第三方评估者一同列席参加。

9 月，浦东新区公益招投标工作专业督导项目启动。

9 月，上海市浦东新区社会工作协会在浦东公益园开展了社会工作专业督导选拔工作，本次选拔邀请了范明林、钱绮莲、姚树梅、王艳、国云丹、玥如意六人担任专家评委。选拔工作包括专业笔试、模拟案例面试、小组讨论结构化面试，三个部分有序交叉进行。希望通过此次社会工作专业督导选拔工作，选拔出专业的督导，为浦东新区乃至全上海组建一支优秀的高素质督导队伍。

2014 年

5 月，社工节颁发督导证书。

5 月，社工节举办了“浦东新区社会工作督导制度”新闻发布会，发布《浦东新区社会工作督导人才选拔、培养及使用实施方案（试行版）》和《浦东新区社会工作督导师工作指引（试行版）》等文件。

7 月，浦东社工协会举办浦东新区公益招投标工作专业督导项目 2013—2014 年度项目案例分享会。

7 月，浦东社工协会举办浦东新区公益招投标工作专业督导项目 2014—2015 年度项目启动会。

7 月，浦东新区公益招投标工作专业督导项目 2013—2014 年度项目案例集《引领与增能》印刷出版。

8 月，第三期督导培养项目启动。

10 月，浦东社工协会举办浦东新区公益招投标工作专业督导项目 2014—2015 年度项目启动暨签约会。

2015 年

2 月，嘉兴市社会工作本土督导人才培养项目启动报名及咨询。

3 月，嘉兴市社会工作本土督导人才培养项目开展笔试、面试并公布候选学员名单。

4 月，督导实施意见发布。

6 月，浦东新区公益招投标工作专业督导项目 2014—2015 年度项目督导总结会。

6 月，嘉兴市社会工作本土督导人才培养项目 2015—2016 年度项目启动。

8 月，浦东新区社会建设指导中心、浦东新区社会工作协会、被督导机构负责人、督导师、督导对象对浦东新区公益招投标工作专业督导项目 2014—2015 年度的督导情况进行五方打分。

9 月，浦东新区公益招投标工作专业督导项目 2014—2015 年度项目案例集《陪伴·践行·成长》印刷出版。

9 月，浦东社工协会举办浦东新区公益招投标工作专业督导项目 2015—2016 年度项目启动暨签约会。

9 月，督导实施细则出台。

10 月，浦东新区社会工作协会结合五方打分及第三方评估机构评分，对参加 2014—2015 年度项目的四家机构分类进行资金奖励。

2016 年

第三期督导考核通过。

2 月，嘉兴市举办社会工作本土督导人才培养项目中期考核。

3 月，常州市督导培养项目第一年协议书签订。

3 月，常州市举办督导培养项目启动仪式及学员需求调研沟通会。

4 月，松江区督导培养项目第一年协议书签订。

4 月，松江区举办督导培养项目学员需求调研沟通会及项目启动仪式。

5 月，常州市开设培训工作坊“什么是社会工作督导、正向思考”。

5 月，胡如意、庄洁代表上海前往新加坡学习，并于 8 月 9 日与浦东同仁进行交流与分享。

浦东社工协会的胡如意和东方医院社工部的庄洁，受 The Ee Peng Liang Memorial Fund 和新加坡国立大学邀请，参加首期“区域社会服务领袖交流计划”。在新加坡的两周交流计划中，他们学习的内容包括项目发展工作坊、服务机构探访、政策制定者对话，以及一个有关各自国家的社会服务挑战及反思的公开研讨会。在公开研讨会上，胡如意代表中国的社会服务者，做了主题为“Local and International：Practice and Reflection of Social Work in Pudong”（“本土与国际：浦东社会工作的实践与反思”）的分享，简述了浦东社会工作极速发展过程中的优势与张力，并从六个议题“城市贫困、婚姻家庭、边缘老人、流动儿童、多民族融入、健康干预”，介绍了浦东多家社会服务机构的本土实践。

6 月，嘉兴市社会工作本土督导人才培养项目开展为期 7 天的上海实训。

6 月，常州市开展一对一督导。

7 月，浦东新区社工协会举办公益招投标工作专业督导项目 2015—2016 年度项目督导总结会。

7 月，第三期学员进行考核，获得初级督导师和助理督导师证书。

7 月，松江区开设培训工作坊“什么是社会工作督导”。

7 月，松江区开展一对一督导。

7 月，常州市开展一对一督导。

8 月，松江区开展一对一督导。

8月，常州市开展一对一督导。

8月，常州市开设培训工作坊“社会工作理论与自我认识”。

8月，浦东新区社会建设指导中心、浦东新区社会工作协会、被督导机构负责人、督导师、督导对象对浦东新区公益招投标工作专业督导项目2015—2016年度的督导情况进行五方打分。

8月，2016—2017年浦东新区社工督导人才管理考核和继续教育项目签订协议。

8月，嘉兴市社会工作本土督导人才培养项目终期考核。

9月，嘉兴市社会工作本土督导人才培养项目9名合格学员名单公布。

9月，第一期、第二期学员督导津贴申请。

9月，2016—2017浦东新区社工督导人才管理考核和继续教育项目召开沟通会。

9月，松江区开设培训工作坊“志愿者管理”。

9月，松江区开展一对一督导。

9月，常州市开展一对一督导。

10月，松江区开展一对一督导。

10月，浦东社工协会举办第一次督导沙龙活动。

10月，常州市开展一对一督导。

10月，常州市开设培训工作坊“个案工作技巧、小组工作”。

11月，第一期、第二期学员督导津贴通过审核并发放。

11月，浦东新区社工协会召开督导对象座谈会。

11月，松江区开设培训工作坊“自我认识与沟通、个案沟通技巧”。

11月，松江区开展一对一督导。

11月，常州市开展一对一督导。

11月，多名督导代表到深圳、广州进行为期一周的参访与学习。

11月，浦东新区社会工作协会结合五方打分及第三方评估机构评分，对参加浦东新区公益招投标工作专业督导项目2015—2016年度项目的四家机构分类进行资金奖励。

11 月，嘉兴市社会工作本土督导人才培养项目第二年度项目中标。

11 月，增设对督导学员的考核、公布嘉兴市社会工作本土督导人才培养项目录取学员名单。

12 月，嘉兴市社会工作本土督导人才培养项目 2016—2017 年度项目启动。

12 月，浦东社工协会召开督导评估标准座谈会。

12 月，浦东社工协会举办第二次督导沙龙活动。

12 月，松江区举办一对一督导。

12 月，常州市举办一对一督导。

12 月，常州市开设培训工作坊“个案工作技巧、小组工作”。

2017 年

1 月，松江区开设培训工作坊“项目管理与包装、项目评估”。

1 月，松江区开展一对一督导。

1 月，常州市开展一对一督导。

1 月，常州市督导培养项目第一年年度考核方案颁布。

附录二：浦东新区关于社会工作督导人才队伍建设实施意见

浦府办〔2015〕15

第一条（目的和依据）

为贯彻落实《国家中长期人才发展规划纲要（2010—2020 年）》和民政部《社会工作专业人才队伍建设中长期规划（2011—2020 年）》，围绕创新社会治理加强基层建设要求，积极发展社会工作人才队伍，建设一支结构合理、规模适度、素质过硬的社会工作督导人才梯队，为浦东新区社会工作发展提供高层次人才保障，结合当前浦东新区社会工作发展实际，制定本意见。

第二条（实施原则）

建立社会工作督导人才队伍，坚持以下原则：

（一）梯次发展

社会工作督导人才分为助理督导师、初级督导师、中级督导师和高级督导师四个层级，形成社会工作督导梯次发展序列。

（二）完善机制

加强政社合作，建立和健全社会工作督导人才队伍建设机制，明确社会工作督导人才队伍选拔、培养、使用、管理和考核具体办法，严格标准，规范化实施。

（三）激励导向

加大政策激励，同时倡导用人单位和社会力量关心社会工作督导人才的成长进步，尽力为社会工作督导人才提升自我、发挥作用而创造平台、优化环境。

第三条（实施机制）

浦东新区社会工作督导人才队伍建设实施先选拔、再培养，培养合格后颁发督导师证书，纳入社会工作督导人才信息库，进行统一使用和管理的机制。

（一）选拔

选拔培养范围以浦东新区各社会服务机构从业人员为主，相关事业单位和社区领域表现突出的专业社会工作人才也可申请。

选拔工作依据助理督导师、初级督导师、中级督导师和高级督导师四个层级及其所要求的资质、岗位、学历与实务经验等条件，严格按照规范程序开展，原则上每 3 年开展一次。

（二）培养

培养内容强调社会工作督导技巧、督导的研究能力和教育能力、督导的行政能力及服务评估能力。

培养的时间原则上为 2 年，对经过评估成绩合格者，按不同资质颁发助理督导师、初级督导师、中级督导师和高级督导师等不同级别证书。

（三）管理和使用

建立社会工作督导人才信息库，对督导人才的学习情况、出勤情况和督导服务情况进行系统管理与跟踪评估。评估合格者继续留用并享受相关待遇，不合格者取消各类待遇；连续两年不合格者将被淘汰，且 3 年内不得再次申请各类督导岗位。

督导师原则上主要为各自所属单位服务，如被其他单位外聘，工作时间和方式则由外聘单位与督导师协商安排。督导师开展督导服务，工作时间和方式由各用人单位根据实际需要统筹安排，保证督导师有足够的时间和空间发挥督导功能，积累专业督导经验。

助理督导师、初级督导师、中级督导师和高级督导师每年须接受一定学时的专业培训和继续教育。满足相关条件要求，可申请督导岗位晋级；但如出现违反社会工作督导人才管理制度的行为或情况，将被取消助理督导师、初级督导师、中级督导师和高级督导师资格。

（四）激励

1. 鼓励社会服务机构参与推荐社会工作督导人才。对具有督导师证书的社会工作人员，经区民政部门评估合格的，并在推进浦东新区社会工作督导服务中发挥积极作用的，给予社会服务机构及个人一定的激励。其中：

(1) 对助理督导师、初级督导师、中级督导师和高级督导师所在单位给予社会养老保险补贴，补贴标准分别为：单位为其本人缴纳社会保险费(以上年度上海市社会平均工资的60%为基数)的20%、30%、40%和50%。

(2) 对助理督导师、初级督导师、中级督导师和高级督导师给予人才补贴，补贴标准为：助理督导师800元/月、初级督导师1 000元/月、中级督导师1 500元/月、高级督导师2 000元/月。

(3) 对社会工作督导人才参加国际性交流和培训项目，按照最高不超过10 000元/人/年的标准实施补贴。

上述费用均纳入区民政局部门预算，由区财政承担。

2. 鼓励社会服务机构引进海外高层次社会工作人才，支持符合相关条件的人才申报浦东新区“百人计划”。

3. 鼓励和支持社会工作行业机构建立社会工作人才发展基金，积极向社会筹集资金，为发展社会工作督导人才队伍提供支持和保障。

4. 将社会工作督导人才列入新区各类领军人才中予以重点宣传和扶持，在争先创优、参政议政、典型宣传等方面，优先选拔和推荐。

第四条(组织实施)

本意见由浦东新区区委组织部、区人力资源和社会保障局、区民政局和区财政局共同指导推进和保障实施。

区委组织部从党管人才角度，将社会工作督导人才队伍建设纳入浦东新区人才工作总体规划，并给予指导和支持；区人力资源和社会保障局保障社会工作督导人才享受新区相关人才政策；区民政局负责实施推进社会工作督导人才队伍建设相关机制和措施；区财政局负责将社会工作督导人才队伍建设所需资金列入区财政预算，提供资源保障。

社会工作督导人才队伍建设实施行业管理模式。浦东新区社会工作协会作为社会工作发展行业协会负责制订社会工作督导人才选拔、培养、管理与使用实施的具体方案，具体组织实施。

本意见自发文之日起实施，实施期限为三年。

附录三：浦东新区社会工作督导人才津贴实施细则(试行版)

为加强浦东新区社会工作督导人才队伍建设，发挥督导人才在社会工作行业发展中的引领作用，根据区政府《浦东新区关于社会工作督导人才队伍建设实施意见》(浦府办〔2015〕15 号)，制定本实施细则：

一、范围和条件

(一) 申报人

1. 参加督导培养计划，并最终通过浦东新区社会工作协会督导专业委员会资格认证；

2. 在本区工作，按规定与所在单位办理人事关系；

3. 属于浦东新区社会工作协会的个人会员。

(二) 申报人所在机构

1. 注册地在浦东，并按规定在浦东为督导人才缴纳社会保险；

2. 机构设置督导岗位，明确督导职责，聘任有资质的督导人才开展督导服务；

3. 属于上海市浦东新区社会工作协会的团体会员，并每年按期缴纳会费。

二、津贴标准

(一) 社会养老保险津贴

对助理督导师和初级督导师所在单位给予社会养老保险补贴，补贴标准为：单位为其本人缴纳社会保险费(以上年度上海市社会平均工资的 60%为基数)的 20%和 30%。

(二) 督导服务津贴

津贴标准分为两个层次，即：助理督导师 800 元/月和初级督导师 1 000 元/月。

（三）培训津贴

对社会工作督导人才参加国际性交流和培训项目，按照最高不超过10 000元/人/年的标准给予津贴。

三、实施程序

（一）发布申报通知

考虑到督导人才流动情况，受浦东新区民政局委托，浦东新区社会工作协会每年在浦东社工网站（http：//www.pdswa.org）发布一次申报通知。

（二）申报与受理

各申报人所在机构委托专人，7个工作日内完成所属机构津贴申报，并负责对材料的真实性、规范性、完整性进行初审。

1. 社会养老保险津贴和督导服务津贴：填写《浦东新区社会服务机构督导岗位申请表》和《浦东新区社会工作督导人才津贴申请表》（请见附件1和附件2），同时提供在职在岗证明、督导资质证书、机构银行账号、社会养老保险缴纳证明的相关材料原件及复印件。

2. 培训津贴：为进一步提升督导人才的专业水平，原则上由浦东新区社会工作协会争取国外交流与培训项目。如督导人才收到国外交流与培训项目邀请，也可以向浦东新区社会工作协会提出，并提交相关材料，如邀请函、培训与交流方案等。

（三）撰写督导方案

浦东新区社会工作协会督导专业委员会对申报人的申报材料进行综合评审，拟定督导人才初选名单。各社会服务机构接到初选名单后，及时通知督导人才，并在15个工作日内撰写并提交《浦东新区社会工作督导人才督导方案》（请见附件3）至浦东新区社会工作协会。

（四）开展督导服务

1. 明确对象与时间

（1）督导对象：保证3～7名一线社会服务从业人员为督导对象。督导对象既可以是督导人才所在的社会服务机构，也可以是其他单位。

(2) 督导时间：每月不少于 8 个小时面对面督导时间，督导形式不限，或一对一督导，或小组督导。如督导人才被其他单位外聘，具体督导时间和方式则由外聘单位与外聘督导人才协商安排。

2. 做好督导记录

督导人才在每月最后一周将《浦东新区社会工作督导人才开展督导服务月志表格》(请见附件 4)反馈至浦东新区社会工作协会。浦东新区社会工作协会需做好督导记录保密工作。

(五) 开展督导评估

浦东新区社会工作督导人才在认定期内对助理、初级督导师进行半年度考核，评估细则请见《浦东新区社会工作督导人才评分表》(请见附件 5)，具体考核方式如下：

1. 过程评估。过程评估占总评估分数的 50%，其中督导方案、督导月志、继续教育所占权重分别为 10%、10%和 30%。

2. 结果评估。结果评估占总评估分数的 50%，其中督导报告、机构负责人评估和督导对象评估各占 30%、10%和 10%。

(六) 考察与公示

浦东新区社会工作协会督导专业委员会对督导人才进行综合考评，包括督导人才所获荣誉、发表文章、跨机构督导服务情况等内容。考评权重具体请见《浦东新区社会工作督导人才考评权重表》(请见附件 6)。根据考评情况，督导专委会提出正式名单，向社会进行公示，公示时间不少于 7 天。公示期间，如有异议，个人或机构可以通过拨打电话、发邮件等形式向浦东新区社会工作协会反映。

(七) 经费发放

1. 确认享受社会养老保险津贴和督导服务津贴的督导人才，在浦东新区单位受聘工作期间，每半年计发一定数额的社会养老保险津贴和督导服务津贴，发放期限最长为 36 个月。

2. 确认享受培训津贴的督导人才，经浦东新区社会工作协会督导专业委员会审核通过并公示无异议后，培训启动、培训过程中和培训结束按照培训费用总额的30%、50%和20%发放津贴。

3. 出现未及时提交督导月志、督导评估表与评估报告的情况，将取消津贴发放。

四、变更与中止

督导人才在享受津贴期间，有下列情况之一的，经查实，自该情形产生的下个月起，由浦东新区社会工作协会督导专业委员会撤销督导资质，并不再享受督导津贴：

1. 解除劳动合同或聘用合同的；

2. 不具备岗位所需工作能力的；

3. 遭到投诉，但抗诉原因不合理的；

4. 在浦东新区社会工作协会督导专业委员会的评估中不合格者；

5. 违反民政部颁布的《社会工作者职业道德指引》；

6. 违法违纪正在接受审查的；

7. 其他情形应停发津贴的。

在本区范围内变动工作单位，需继续享受津贴的，由新用人单位提出申请，经评审，符合条件的，可按规定继续享受。

参加过督导培养计划，并最终通过浦东新区社会工作协会督导专业委员会资格认证的督导师，如从外区单位变动到本区工作，需工作6个月以上，向督导专业委员会提出申请并通过审核的，可按规定享受督导津贴。

督导师对变更与中止事项有异议者，可以向浦东新区社会工作协会反映。

五、资金来源

浦东新区财政局负责将浦东新区社会工作督导人才津贴所需资金列入区财政预算，并提供资金保障。

六、违规处理

对浦东新区社会工作督导人才申报和评审中以弄虚作假的方式违反规定取得津贴的，一经查实，追回已发放津贴，取消今后参评资格。

七、其他事项

（一）本细则由上海市浦东新区社会工作协会负责解释。

（二）本细则自 2015 年 4 月 1 日起实行，实施期限为三年。

附件

附件 1　浦东新区社会服务机构督导岗位申请表

附件 2　浦东新区社会工作督导人才津贴申请表

附件 3　浦东新区社会工作督导人才督导方案

附件 4　浦东新区社会工作督导人才开展督导服务月志表格

附件 5　浦东新区社会工作督导人才评分表

附件 6　浦东新区社会工作督导人才考评权重表

附件 1　浦东新区社会服务机构督导岗位申请表

一、机构基本情况

机构名称		机构法人	
机构地址		机构负责人	
督导师级别	□助理督导师	□初级督导师	

二、岗位基本情况描述

助理/初级督导师岗位		
岗位（一）	服务领域	
	岗位职责	
岗位（二）	服务领域	
	岗位职责	

备注：岗位基本情况描述，请依据《浦东新区社会工作督导人才选拔、培养及使用实施方案（试行版）》和《浦东新区社会工作督导师工作指引（试行版）》，详情请见 http：//www.pdswa.org。

三、机构推荐人员名单

助理/初级督导师岗位	序号	姓名	性别	毕业学校	学历	专业	职业证书
岗位(一)							
岗位(二)							

备注：人数较多的机构，请在下方自行添加表格。

附件 2　浦东新区社会工作督导人才津贴申请表

(1 人 1 表)

<table>
<tr><td>督导师姓名</td><td></td><td>性别</td><td></td><td>出生年月</td><td></td><td colspan="2">政治面貌</td><td></td></tr>
<tr><td>督导师级别</td><td></td><td>学历学位</td><td></td><td>毕业院校及专业</td><td colspan="4"></td></tr>
<tr><td>工作单位</td><td colspan="2"></td><td>聘用职务</td><td></td><td colspan="2">职称（职称等级）</td><td colspan="2"></td></tr>
<tr><td>聘用起止时间</td><td colspan="2"></td><td>督导对象数量</td><td></td><td colspan="4">督导对象 3～7 人，每月保证 8 小时督导时间，督导方式不限</td></tr>
<tr><td>本机构督导对象数量</td><td colspan="2"></td><td>其他机构督导对象数量</td><td></td><td colspan="4"></td></tr>
<tr><td>其他机构单位名称</td><td colspan="8"></td></tr>
<tr><td>督导对象姓名</td><td colspan="2">工作领域</td><td>职务</td><td>社会工作从业年限</td><td colspan="2">专业资质（专业证书）</td><td colspan="2">本机构/外机构</td></tr>
<tr><td></td><td colspan="2"></td><td></td><td></td><td colspan="2"></td><td colspan="2"></td></tr>
<tr><td></td><td colspan="2"></td><td></td><td></td><td colspan="2"></td><td colspan="2"></td></tr>
<tr><td></td><td colspan="2"></td><td></td><td></td><td colspan="2"></td><td colspan="2"></td></tr>
</table>

续 表

申请金额	社会养老保险 /月	督导服务津贴 /月

申请依据：《浦东新区关于社会工作督导人才队伍建设实施意见》（浦府办〔2015〕15号）。

社会养老保险助理督导师和初级督导师费用分别为229元/月和343.5元/月。督导服务津贴助理督导师和初级督导师分别为800元/月和1 000元/月。

用人单位意见： （盖章） 年 月 日	浦东新区社会工作协会意见： （盖章） 年 月 日

备注：提交该表同时请提供督导资质证书、机构银行账号、社会养老保险缴纳证明的相关材料原件及复印件。

附件 3　浦东新区社会服务机构督导方案

一、基本信息

机构名称					
督导师姓名					
督导对象姓名	职务	工作领域	社会工作从业年限	专业资质	备注

备注：如督导对象为 3～7 人，每个月保证 8 小时面对面督导时间。

二、具体方案

1. 督导需求分析（存在什么状况影响本职工作的成效）
2. 督导目标
3. 督导策略（督导通过什么督导方式方法达到督导目标）
4. 预期成效（督导产出）

三、时间安排

为顺利实现督导目标，请合理安排时间。标明时间段、督导内容、督导形式(一对一、小组或书面等)。

附录：个人成长方案(1人1表)

一、基本信息

督导对象姓名	职务	工作领域	社会工作从业年限	专业资质	备注

二、成长方案

1. 督导对象目前面临的问题

2. 督导目标

3. 督导策略与计划

4. 督导成效评估方法

附件 4　浦东新区社会工作督导人才开展督导服务月志表格

________机构督导对象名单

（　　年　月　日—　　年　月　日）　　　　　　　　　　督导师：________

序　号	1	2	3	4	5	6	7	8	9	10
督导日期										
督导时间段										
督导对象姓名										
手机号码										
督导地点										
督导方式										
电邮										

附件 5　浦东新区社会工作督导人才评分表

继续教育课程		时间			
督导师		点评嘉宾			
评估项目—继续教育课程	满 意 程 度				
	非常好	好	一般	不好	非常不好
	20	16	12	8	4
着装能协助演讲者建立导师的形象					
表达流畅，善用眼神交流、肢体语言，语调抑扬顿挫					
工作坊内容具有社会工作专业性，能够做到理论与实践结合，带领师能够分享实务经验					
工作坊内容可以启发思考，引发参与和互动					
带领师思路清晰、逻辑严谨					
总分					

附件 6　浦东新区社会工作督导人才考评权重表

<table>
<tr><th>分值类型</th><th>评分人</th><th>项　　目</th><th>分值</th><th>得分</th><th>权重</th><th>小计</th></tr>
<tr><td rowspan="7">基础分</td><td rowspan="3">督导专委会</td><td>督导方案</td><td>100</td><td></td><td>10%</td><td></td></tr>
<tr><td>督导月志</td><td>100</td><td></td><td>10%</td><td></td></tr>
<tr><td>督导继续教育出勤</td><td>100</td><td></td><td>10%</td><td></td></tr>
<tr><td>机构负责人</td><td>对机构的影响</td><td>100</td><td></td><td>10%</td><td></td></tr>
<tr><td>督导对象</td><td>对督导对象的影响</td><td>100</td><td></td><td>10%</td><td></td></tr>
<tr><td>督导专委会</td><td>督导报告</td><td>100</td><td></td><td>30%</td><td></td></tr>
<tr><td>专家</td><td>督导继续教育成果展示</td><td>100</td><td></td><td>20%</td><td></td></tr>
<tr><td rowspan="3">加分</td><td rowspan="3">督导专委会</td><td>跨机构督导小时数占总督导小时数的比重 10%～30%(不包含 30%)，得 3 分;30%～60%(不包含 60%)，得 6 分;60%～90%(不包含 90%)，得 9 分;90%～100%,得 10 分</td><td colspan="3">10</td><td></td></tr>
<tr><td>发表文章，包括全国、上海市及浦东新区层面的杂志。发表一篇加 2 分，最高累计 10 分</td><td colspan="3">10</td><td></td></tr>
<tr><td>获得国家级荣誉加 10 分;获得上海市级荣誉加 6 分;获得浦东新区级荣誉加 3 分</td><td colspan="3">10</td><td></td></tr>
<tr><td rowspan="3">扣分</td><td rowspan="3">督导专委会</td><td>督导人数未达到 3 名</td><td colspan="3">—10</td><td></td></tr>
<tr><td>督导时间平均每个月未达到 8 小时</td><td colspan="3">—10</td><td></td></tr>
<tr><td>发现督导虚报信息，如督导时间、督导人数、督导月志等信息</td><td colspan="3">—50</td><td></td></tr>
<tr><td colspan="6">合计</td><td></td></tr>
</table>

附录四：浦东新区社会工作督导师工作指引(试行版)

上海市浦东新区社会工作协会

引　言

在社会工作领域，“督导”一词具有特定的意义，它远超于一般自上而下的管理，即主要涉及监测工作表现及服务效率的管理工作。“督导”亦不止于“咨询”，它包含阶梯式的行政责任，而在一个社会服务机构的环境中，这是社会工作实务中不可缺少的一部分。当社会服务机构、督导师及被督导者均重视督导，视之为首要任务，并且认同督导对服务质量的重要性和被督导者作为专业服务从业人员时，督导才会奏效。

社会工作督导包括行政、教育及支持的功能。社会服务机构应负责提供这三种互相关联的功能，但在分配三者的时间及努力的比重时，则根据社会服务机构及被督导者的需要而定。

(一) 行政功能。行政功能属于一种管理功能，包括订立服务目标和其优次、厘清角色、规划和分配工作、工作检讨和评估，以及对被督导者的工作表现的承担和问责性。

(二) 教育功能。教育功能涉及灌输专业价值观、传授知识及训练实务技巧，这些都是督导师为推行有效的专业实务所必备的。教育功能亦包括加强被督导者的自省能力及敏感度。因此，教育功能的督导应被视为开展督导服务的核心元素。

(三) 支持功能。支持功能使被督导者更有能力处理与工作有关的事情，同时能培养有利于优化工作表现的态度和情感。此外，支持性的督导可以维持同工的士气，并且让被督导者意识到专业上的自我价值，以及对其社会服务机构和专业产生归属感。

督导是发展及维持高水平的社会工作实务的其中一项核心元素，它对保障社会服务的质量至关重要。为此，社会服务的机构需拟定一份包含长远专业发展目标的督导协议，该协议应由督导师与被督导者共同商讨并定期回顾。此外，社会服务机构还应制订一份切合其服务类别的督导会面报告表格或与实务有关的记录。评估督导师的准则可因机构而异，但应恪守以下原则：

(1) 督导师与被督导者为督导会面做好充分准备；

(2) 督导师定期评估被督导者的工作量；

(3) 督导师定期检讨被督导者有关实务的纪录；

(4) 在开展督导服务过程中讨论专业介入的过程；

(5) 督导师给予有关提供服务的专业意见；

(6) 检讨及讨论对被督导者的服务成果；

(7) 对服务成效及效率进行评估，从而向服务机构负责；

(8) 考虑直接实务所带来的伦理与法律的问题；

(9) 讨论与机构内其他同工的工作关系；

(10) 被督导者有机会向督导师反映意见；

(11) 讨论专业使命、被督导者的角色和团队凝聚力等相关事宜；

(12) 处理被督导者的专业发展长远规划；

(13) 督导师与被督导者感受到鼓励学习的气氛。

督导师工作指引

第一章　总　则

第一条　为完善浦东新区社会工作督导人才管理和培育机制，根据上海市、浦东新区关于加强和推进社会工作人才队伍发展的意见精神，结合浦东新区实际，制定本手册。

第二条　督导是指由资深社会工作者通过定期持续的工作程序，向资浅社工传授专业服务知识与技能，促进其成长并确保服务质量的职业活动，具有行政、教育及情绪支持的功能。浦东新区督导人才队伍包括助理督导师、初级督导师、中级督导师、高级督导师四个级别的社会工作者。

第三条　社会工作督导服务试点初期，社会工作督导结构应采取以下原则：1 名高级督导师—2 名中级督导师；1 名中级督导师—2 名初级督导师；1 名初级督导师—2 名助理督导师；1 名助理督导师—2～10 名一线社会服务提供者。其中，每名助理督导师的督导对象数量由各社会服务机构根据本机构管理架构、服务性质、项目辐射范围等因素确立。

第四条　秉承社会服务机构建立本机构督导制度的原则，为提升社会服务质量，各社会服务机构应积极创造条件，重视对督导人才的培养和管理服务。

第二章　督导师任职条件

第五条　社会工作督导人才分为助理督导师、初级督导师、中级督导师和高级督导师四个层级，各自的任职条件具体如下：

（一）助理督导师

1. 资质要求：具备助理社会工作师及以上专业资质。

2. 岗位要求：在机构担任相当于项目主管及以上职位。

3. 学历与经验要求。

（1）社会工作专业大专及以上学历，或者具有心理学、法学、社会学、管理学相关专业本科及以上学历，从事社会工作满 3 年；

（2）其他专业本科及以上学历，从事社会工作满 5 年；

（3）其他专业大专及以上学历，从事社会工作满 7 年。

（二）初级督导师

1. 资质要求：具备中级社会工作师及以上专业资质。

2. 岗位要求：在机构担任相当于部门负责人及以上职位。

3. 学历与经验要求

（1）社会工作专业大专及以上学历，或者具有心理学、法学、社会学、管理学相关专业本科及以上学历，从事社会工作满5年；

(2) 其他专业本科及以上学历，从事社会工作满7年；

(3) 其他专业大专及以上学历，从事社会工作满9年。

(三) 中级督导师

1. 资质要求：具备中级社会工作师及以上专业资质。

2. 岗位要求：在机构担任相当于机构负责人职位。

3. 学历与经验要求

(1) 社会工作专业大专及以上学历，或者具有心理学、法学、社会学、管理学相关专业本科及以上学历，从事社会工作满8年；

(2) 其他专业本科及以上学历，从事社会工作满10年；

(3) 其他专业大专及以上学历，从事社会工作满12年。

(四) 高级督导师

1. 资质要求：具备中级社会工作师及以上专业资质。

2. 岗位要求：在机构担任机构负责人，同时在社会工作行业有一定影响力。

3. 学历与经验要求

(1) 社会工作专业大专及以上学历，或者具有心理学、法学、社会学、管理学相关专业本科及以上学历，从事社会工作满13年；

(2) 其他专业本科及以上学历，从事社会工作满15年；

(3) 其他专业大专及以上学历，从事社会工作满17年。

第三章　督导师职责

第六条　督导师对其服务的机构负有以下职责：

(1) 代表其所负责的团队，对督导服务开展过程中的问题和情况进行总结，并提出具体建议；

(2) 参与机构服务质量评估，对机构项目进行质量审核等；

(3) 根据实际需求，与服务的机构沟通协调，调整服务方案，优化服务结构；

(4) 负责机构领域内公益服务项目的设计、规划，监督规范其所负责领域的工作程序等。

第七条　下一级督导师对上一级督导师负有以下职责：

(1) 完成上一级督导师为其制定的个人成长方案；

(2) 将发展中所存在问题进行反馈，探讨解决方案并予以跟进；

(3) 按照规定，每月接受上一级督导师个人督导及集体督导。

(4) 配合完成其他促进行业交流与发展的协调性工作。

第八条　上一级督导师对下一级督导师负有以下职责：

(1) 制定下一级督导师个人成长方案，并跟踪落实；

(2) 对下一级督导师的工作进行绩效考核和评估；

(3) 指引下一级督导师介入其以下级别督导个人成长方案的实现，协助其提升统筹管理、实务操作等能力；

(4) 指导下一级督导师具体完成对督导服务记录、总结的审阅、批复等；

(5) 对下一级督导师进行情绪上的支持和压力缓解等。

第九条　助理督导师对一线社会服务提供者负有以下职责：

(1) 根据初级督导师及以上级别的督导师反馈的情况，策划并组织实施一线社会服务提供者系统培训方案；

(2) 根据所督导领域的实际情况，与相同领域内的督导协商，统一制定该领域内的各类记录表格，制定初级督导师、助理督导师、一线社会服务提供者之间的工作程序；

(3) 定期召开督导小组会议；

(4) 介入由一线社会服务提供者转介的疑难案例。

第十条　为保证督导功能的发挥，以及督导经验的积累，督导师需保证在工作时间与督导对象之间进行每月一次的一对一、面对面或小组督导，同时，做好完整的督导记录。

第四章　督导师管理与考核

第十一条　浦东新区社会工作协会建立督导师信息库，具体负责对督导师的日常管理，对督导师的督导情况进行系统管理与记录。

第十二条　浦东新区社会工作协会对督导师负有以下职责：

(1) 定期收集督导月志，及时了解督导师督导服务情况、意见和要求，并围绕相关主题，邀请资深督导专家与督导师进行互动，使督导开展过程中的困惑得到有效解决。

(2) 围绕提升督导服务质量核心任务，积极组织多层次、全方位的督导研讨会、督导工作坊和督导技术竞赛活动，激发督导师的积极性和创造性，促进督导服务质量的进一步提升。

(3) 为进一步提升督导师能力，浦东新区社会工作协会根据督导师的需求，积极开发培训与服务模块。

第十三条　浦东新区社会工作协会定期组织浦东新区社会工作协会督导专业委员会对助理督导师、初级督导师、中级督导师和高级督导师的督导情况进行跟踪评价。具体考核方式如下：

(一) 过程评估。过程评估占总评估分数的40%，其中督导方案和督导月志所占权重分别为10%和30%。

(二) 结果评估。结果评估占总评估分数的60%，其中所在机构负责人评估和督导对象评估各占30%。

第十四条　助理督导师、初级督导师、中级督导师和高级督导师每年须根据浦东新区社会工作要求接受一定学时的专业培训和继续教育，培训工作由浦东新区社会工作协会具体组织实施。

第十五条　助理督导师、初级督导师、中级督导师和高级督导师满足相应经验要求，经浦东新区社会工作协会督导专业委员会评审通过，可申请督导岗位晋级。助理督导师工作满2年，评估合格者可晋级为初级督导师；初级督导师工作满2年，评估合格者可晋级为中级督导师；中级督导师工作满3年，评估合格者可晋级为高级督导师。

第十六条　对参加培训无故缺席、未完成规定的全部课程、不按时完成规定作业的学员，取消其参加进一步培训的资格，并将情况通报培养对象所在机构。

第十七条　浦东新区社会工作协会督导专业委员会评价合格者继续留

用，不合格者另行调整，连续两年不合格者淘汰，且三年内不得再次申请各类督导岗位。

第十八条　有下列情况之一的，可取消助理督导师、初级督导师、中级督导师和高级督导师资格。

1. 培养期间，机构年度考核不合格者；

2. 培养期间，因个人原因离开原机构者；

3. 培养期间，不在浦东新区从事社会服务工作者；

4. 在浦东新区社会工作协会督导专业委员会的年度评估中连续2年评估不合格者；

5. 遭到投诉，但抗诉原因不合理的；

6. 违反民政部颁布的《社会工作者职业道德指引》；

7. 其他违反法律、法规的行为。

第五章　附　则

第十九条　本规定由浦东新区社会工作协会督导专业委员会负责解释。

第二十条　本规定自2014年5月28日起施行。

附件：常用表格范例[①]

个案工作常用表格：

个案计划表

一、案主求助的内容/所面临的问题

____

____

二、社工的观点(对案主需求的分析)

____

____

① 本手册中呈现的常用表格，主要供对一线社会服务提供者开展督导服务的督导师参考。

三、个案服务目标

四、介入的策略及理论支持

五、具体安排（个案面谈的次数、时间间隔、备用场地等）

六、服务中预计困难及解决方案

七、个案服务评估

八、督导意见

九、同意批准接案或不同意接案，并说明原因

个案预估表

案主姓名		出生日期	
社工姓名		接案日期	
个案类型			

续 表

<table>
<tr><td colspan="2">案主基本资料：
个案来源：1）自我求助（信件/来访/来电）
2）他人转介（案主与转介者的关系：）
3）外展时社工自行发现
4）其他
性别：　年龄：　岁　民族：</td></tr>
<tr><td colspan="2">学历：　联系方式：
工作单位：
家庭住址：
健康状况：
精神状况：
社会心理状况：
（如果案主的生活经历中，他或者他的家庭、周遭发生过特别的事情，需要特别留意，并在此栏加以说明。比如亲人过世，若只用"心理状况良好/欠佳"等来表述，就很难有新的发现。）</td></tr>
<tr><td colspan="2">案主对问题和需求的陈述：</td></tr>
<tr><td colspan="2">案主个人情况（生理特点、教育背景、情绪、成长经历和社会交往等）：</td></tr>
<tr><td colspan="2">案主家庭情况：</td></tr>
<tr><td colspan="2">案主的优劣势分析</td></tr>
<tr><td>个人的优势</td><td>个人的劣势</td></tr>
<tr><td>环境的优势</td><td>环境的劣势</td></tr>
<tr><td colspan="2">社工的预估分析：</td></tr>
</table>

续 表

初步的工作目标及建议：

社工：
日期： 年 月 日

督导意见：

督导：
日期： 年 月 日

个案记录表

面谈对象： 个案类型：
面谈日期： 面谈时间：
面谈地点： 个案次数：

本次面谈的目标：

	讨论事项/介入重点	社工介入技巧、感受
面谈过程记录		

服务对象的反馈：

下次面谈时间及跟进工作：

续 表

督导建议：	

社工：　　　　督导：

日期：　　　　日期：

个案转介表

案主姓名：　　　　类型：

个案基本情况（背景、需要/问题/困境）：
目前接受的服务：
已有成效/形成的支持网络：
案主目前的情绪状态及改善动力：
跟进建议：
将转介的机构或社工人员：
督导意见：

转介社工：　　　　督导：

日　　期：　　　　日期：

个案跟进汇总表

案主姓名：　　　　　　个案类型：

日期	工作方式	工作内容	社工	备注

社工：　　　　　　　　　　　　　　　　日期：

个案工作服务对象反馈表

接受了社工的服务之后，你有哪些改变？无论你的反馈是什么，对于为你提供服务的社工，都是改善服务品质的重要依据，一切资料会供督导参考并予以保密。谢谢！

1. 你认为在过去一段时间内，社工曾协助你处理了哪些问题/需要，请指出你在这些问题/需要上的改变程度，以及你对这些改变的满意程度（请在相应表格内打"√"）。

2. 请写下你认为自己在过去一段时间内改变了的地方。

	改变程度			满意程度		
曾处理的问题/需要（可由社工及服务对象填写）	改变很多	有些改变	无改变	十分满意	比较满意	不满意

3. 请指出你对于自己个人改变的评分：

（1～10分，1分为完全不同意，10分为完全同意）

3.1 我能够透彻了解到自己的需要/问题 分

3.2 我可以从不同角度去重新界定自己的需要/问题 分

3.3 我能选择不同的解决问题的方法 分

3.4 我能够掌握个人的情绪变化 分

3.5 我能够处理个人的情绪 分

3.6 我能够培养新的行为习惯来处理个人问题/需要 分

3.7 我能够反省自己个人的优点及缺点 分

3.8 我能够对自己的性格多点了解 分

3.9 我更有信心去面对以后的挑战 分

填表人：________ 日期：________

社 工：________ 日期：________

督导签署：________ 日期：________

个案介入效果评估统计表

个案编号： 接案日期：

社 工： 评估日期：

A. 部分

1. 处理问题及成效

处理的问题	个案发展						备注
	改善进步很大	有改善进步	无转变	退步	退步很大	无资料评估	
主要问题							
其他问题 1							
其他问题 2							
其他问题 3							
工作员对此个案的整体评估							

2. 个案服务期间接触次数

接触方法	接触次数
与案主面谈	
向与案主相关的人员了解情况	
小组面谈	
小组活动	
个案会议	
其他	

3. 主要结案原因(若适用)

□目标已完成，不需要再跟进

□案主不愿继续

□所需服务超出范围

□其他(请注明)________________

社工：________　　　　　　　　督导：________

督导评语：同意结案□　　　　　　不同意结案□

____

____

____

____

____

督导签名：________________　日期：________________

B. 部分

结案部分：

1. 已与案主完成了最后面谈及个案评估　　是□　　否□

2. 案主被通知个案结束　　是□　　否□

3. 案主同意个案结束　　是□　　否□

（如否定，请注明原因）

____

4. 案主对服务成效的意见

5. 社工已填好服务统计数据

需要补充的材料

总体来说，本个案介入是否成功？ 成功□ 不成功□

社工：________ 日期：________

督导：________ 日期：________

个案结案表

案主姓名： 个案编号：

接案日期： 结案日期：

结案/转介原因（请打“✓”）

□完成目标 □服务对象搬离本区 □服务对象拒绝服务

□与服务对象失去联系 □转介到别的单位（注明单位）

□不适合跟进（注明原因）

□其他（注明）

社工提供的服务及个案辅导目标完成情况：

服务对象情况的改变：

社工在工作中的经验或困境：

个案总结及跟进：

续　表

督导意见： 批准□　　不批准□	
社工： 日期：	督导： 日期：

小组工作常用表格：

小组工作计划书

小组名称		小组类型	
小组人数		活动次数	
活动时间		活动地点	
负责社工		督导	
招募与筛选方式			
小组理念			
小组总体目标			
小组具体目标			
评估方法/工具			
预期困难与解决办法			

大纲计划		
单元主题	活动目标	活动过程
所需资源		
单元	内容	经费预算

续 表

督导意见：

签名：________________　　　　　　　　________年________月________日

社工所在机构意见：

签名：______________　　　　　　　　________年________月________日

填表人：________　　　　　　申请日期：________年________月________日

小组工作评估表

单位：　　　　　　　　负责同工：　　　　　　　填报日期：

小组名称：	预期参加人数：共　　人
日期：	实际参加人数：共　　人
时间：	
地点：	参加义工人数：

1. 若预期参加人数与实际参加人数有差异，请列明原因

2. 小组目标评估

a）主要目的是否达到及如何达到

b）其他目的是否达到及如何达到

3. 计划筹备工作情况

____

____

4. 推行过程

____

____

5. 过程评估（效果、财政状况、所遇困难）

____

____

6. 参加者态度（认真、主动）、参与度（投入、积极），请举例

____

____

7. 参加者回应及意见（请收集参加者意见）

____

____

8. 义工来源、参与程度（投入、积极），请举例

____

____

9. 跟进及建议

____

____

10. 请你对这次小组整体打分（满分 10 分）________分

社工________ 日期________

督导意见

____

____

____

续 表

签名：________ 日期：________

社区工作常用表格：

社区工作计划书

1. 社区及机构背景
2. 理论背景
3. 目的及具体目标
4. 相关资料-活动性质
   -工作对象
   -活动日期、时间、地点
   -预计参加人数
   -所需人力及工作分配
   -资源
5. 招募及宣传
6. 工作时间表
7. 活动内容及方式
8. 财政预算

收入项目	金额	支出项目	金额

9. 预计可能出现的困难及解决方案

10. 评估方法

社工：________　督导：________

日期：________　日期：________

社区活动计划表

<table>
<tr><td>活动名称</td><td colspan="2"></td><td>活动性质</td><td colspan="2"></td></tr>
<tr><td>活动时间</td><td colspan="2"></td><td>活动地点</td><td colspan="2"></td></tr>
<tr><td>参 加 者</td><td colspan="2"></td><td>人　　数</td><td colspan="2"></td></tr>
<tr><td>经　　费</td><td colspan="2"></td><td>招募方法</td><td colspan="2"></td></tr>
<tr><td>活动背景/理念</td><td colspan="5"></td></tr>
<tr><td colspan="3">总体目标</td><td colspan="3">具体目标</td></tr>
<tr><td colspan="3"></td><td colspan="3"></td></tr>
<tr><td rowspan="4">活动计划流程</td><td>时间</td><td>活动目标</td><td>活动内容</td><td colspan="2">所需资源</td></tr>
<tr><td></td><td></td><td></td><td colspan="2"></td></tr>
<tr><td></td><td></td><td></td><td colspan="2"></td></tr>
<tr><td></td><td></td><td></td><td colspan="2"></td></tr>
<tr><td colspan="3">预计困难</td><td colspan="3">解决方法</td></tr>
<tr><td colspan="3"></td><td colspan="3"></td></tr>
<tr><td>评估方式</td><td colspan="5"></td></tr>
</table>

负责社工：　　　　督导：

日　　期：　　　　日期：

社区活动评估表

<table>
<tr><td>活动名称</td><td colspan="2"></td><td>活动性质</td><td></td></tr>
<tr><td>活动时间</td><td colspan="2"></td><td>活动地点</td><td></td></tr>
<tr><td>参加对象</td><td colspan="2"></td><td>人　　数</td><td></td></tr>
<tr><td>决算总金额</td><td colspan="2"></td><td>招募方法</td><td></td></tr>
<tr><td>服务对象名单</td><td colspan="4"></td></tr>
<tr><td colspan="3">预期目标</td><td colspan="2">目标完成情况</td></tr>
<tr><td colspan="3"></td><td colspan="2"></td></tr>
<tr><td>决算列单</td><td colspan="4"></td></tr>
<tr><td colspan="2">座位及交流情况</td><td colspan="3"></td></tr>
<tr><td>活动流程</td><td colspan="2"></td><td>关键事件或突发事件</td><td></td></tr>
<tr><td colspan="3">遇到困难</td><td colspan="2">解决方法</td></tr>
<tr><td colspan="3"></td><td colspan="2"></td></tr>
<tr><td>总体评估</td><td colspan="4"></td></tr>
</table>

负责社工：　　　　　　　　　　督导：

日　　期：　　　　　　　　　　日期：

督导服务常用表格：

督导反思表

督导助理		被督导同工	
督导日期		督导时间	

同工所呈现的情况：

督导的主要内容：
情绪支持（ ） 反思理论与实务结合（ ） 提供实务建议（ ）
讨论及澄清社工概念（ ） 协助了解服务对象之行为及需要（ ）
协调及发掘社区资源（ ） 协助与服务点之工作配合（ ）
提供情绪支持（ ） 行政/纪律讨论（ ）

督导目标：

督导方式：

督导过程（摘要）：

督导在本次督导会议中所用的技巧及策略：

督导反思：

跟进：

督导对象反思表

机构名称：

部门：

日期：

时间：

地点：

督导：

社工：

主题：

督导流程：

内容：	

督导意见：

社工反馈：

内容：	

督导意见：

社工反馈：

上海市浦东新区社会工作协会
2014 年 5 月 28 日

附录五：浦东新区社会工作督导人才选拔、培养及使用实施方案(试行版)

第一章 总 则

第一条 为贯彻落实《浦东新区“十二五”社会工作人才队伍发展规划》要求，建设一支结构合理、规模适度、素质优良的社会工作督导人才队伍，为浦东新区社会工作发展提供高层次人才保障，结合当前浦东新区社会工作发展实际，制定本方案。

第二条 实施社会工作督导人才选拔、培养与使用，坚持择优录用、梯次培养、注重实效的原则，旨在为浦东新区社会服务领域选拔培养一批拔尖人才，为提升浦东新区社会服务质量提供人才支撑和智力保障。

第三条 浦东新区社会工作督导人才选拔、培养与使用由浦东新区社会工作协会督导专业委员会负责统筹监督，浦东新区社会工作协会根据授权具体组织实施。

第二章 培养对象的选拔

第四条 社会工作督导人才选拔培养的对象是浦东新区社会工作协会会员，同时也是社会服务机构的一线社工。

第五条 社会工作督导人才分为助理督导师、初级督导师、中级督导师和高级督导师四个层级，参加以上级别选拔需分别符合下列条件：

(一) 助理督导师

1. 资质要求：具备助理社会工作师及以上专业资质。

2. 岗位要求：在机构担任相当于项目主管及以上职位。

3. 学历与经验要求

(1) 社会工作专业大专及以上学历，或者具有心理学、法学、社会学、管理学相关专业本科及以上学历，从事社会工作满 3 年；

（2）其他专业本科及以上学历，从事社会工作满 5 年；

（3）其他专业大专及以上学历，从事社会工作满 7 年。

（二）初级督导师

1. 资质要求：具备中级社会工作师及以上专业资质。

2. 岗位要求：在机构担任相当于部门负责人及以上职位。

3. 学历与经验要求

（1）社会工作专业大专及以上学历，或者具有心理学、法学、社会学、管理学相关专业本科及以上学历，从事社会工作满 5 年；

（2）其他专业本科及以上学历，从事社会工作满 7 年；

（3）其他专业大专及以上学历，从事社会工作满 9 年。

（三）中级督导师

1. 资质要求：具备中级社会工作师及以上专业资质。

2. 岗位要求：在机构担任相当于机构负责人职位。

3. 学历与经验要求

（1）社会工作专业大专及以上学历，或者具有心理学、法学、社会学、管理学相关专业本科及以上学历，从事社会工作满 8 年；

（2）其他专业本科及以上学历，从事社会工作满 10 年；

（3）其他专业大专及以上学历，从事社会工作满 12 年。

（四）高级督导师

1. 资质要求：具备中级社会工作师及以上专业资质。

2. 岗位要求：在机构担任机构负责人，同时在社会工作行业有一定影响力。

3. 学历与经验要求

（1）社会工作专业大专及以上学历，或者具有心理学、法学、社会学、管理学相关专业本科及以上学历，从事社会工作满 13 年；

（2）其他专业本科及以上学历，从事社会工作满 15 年；

（3）其他专业大专及以上学历，从事社会工作满 17 年。

在社会工作方面获得市级及以上奖励、表彰，曾在其他地区担任督导工作，被社会服务机构负责人、高校专家、来自中国香港地区的督导特别推荐者在同等条件下优先选拔培养。同时，能力特别突出者，可破格选拔。

第六条　社会工作督导人才的选拔必须坚持公开、公正、公平原则，一般按照以下程序进行。

（一）推荐人选：推荐分为机构推荐和社工自荐两种方式。社会工作督导人才以社会服务机构为单位进行选拔培养，按照 10 名及以下一线社会服务从业人员培养 1 名助理督导师、每 2 名助理督导师选拔培养 1 名初级督导师、每 2 名初级督导师选拔培养 1 名中级督导师、每 2 名中级督导师选拔培养 1 名高级督导师的比例进行。社会服务机构按实际所需人数的 2 倍推荐人选，未被机构推荐人员可自荐。

机构推荐和自荐人员均须按督导人才类别如实填写《浦东新区社会工作督导人才候选人登记表》和《浦东新区社会工作督导人才候选人机构推荐（自我推荐）表》（见附件 1、附件 2），并统一由所在机构申报，连同相关证书复印件在规定时间提交至浦东新区社会工作协会。

（二）资格审查：浦东新区社会工作协会对各社会服务机构、社工提交的选拔登记表信息和所提交资料的真实性进行审核。

（三）考试测评：资格审查通过者，由浦东新区社会工作协会聘请高校专家、来自中国香港地区的督导、社会服务机构负责人，组成专家评审团统一对申请人组织笔试和面试。

1. 笔试。考试形式为闭卷。考试范围为行政性督导、教育性督导和支持性督导的原则与策略。

2. 面试。包括案例模拟面试和无领导小组面试。案例模拟面试主要考察申请人的督导技巧、专业理念、人际交往能力以及与职位相匹配的其他能力；无领导小组面试主要考察申请人的综合分析能力、组织协调能力、应变能力、语言表达能力、逻辑思维能力等。

（四）总分构成与计算方法：社会工作督导人才候选人的总分按照机构综合能力评分、笔试、案例模拟面试和无领导小组面试得分各占 20％、25％、30％和 25％权重加成。

（五）确定培养对象名单：浦东新区社会工作协会督导专业委员会依据候选人员总成绩确定助理督导师、初级督导师、中级督导师和高级督导师培养对象名单。

第三章　培养与使用

第七条　浦东新区社会工作督导人才培养实行团体督导、小组督导和一对一督导相结合的方式。

（一）团体督导采取专题讲座、专题研讨、案例分析、组织论坛、现场观摩、外出考察等方式进行。目的是通过邀请资深督导专家的讲解与交流，夯实理论基础，完善知识结构，更新社会工作服务与督导理念，拓展服务视野，同时为培养对象搭建一个相互交流沟通的平台。

（二）小组督导主要以培养对象分享与交流为主，采用工作坊与沟通会的形式，着重提高学员实际操作能力、研究分析和解决问题的综合能力。

（三）一对一督导主要是邀请资深督导专家根据培养对象知识结构和服务领域，制定个性化督导方案，对培养对象进行一对一、面对面指导。

第八条　浦东新区社会工作督导人才培养按照贴近实际、结合案例、突出前沿、体现创新的原则，具体培养内容包括：社会工作专业价值及社会工作者伦理守则、社会工作督导的价值与原则、督导技巧、督导的研究能力、督导的教育能力、督导的行政能力、服务评估能力，以及个案工作、小组工作与社区工作等实务方法。

第九条　经过培养且成绩合格者，由浦东新区社会工作协会督导专业委员会结合各社会服务机构岗位实际需求，确定助理督导师、初级督导师、中级督导师和高级督导师名单，并以适当形式在一定范围内进行为期一周的公示。公示期间，如反映公示的人员存在问题或者弄虚作假的，浦东新区社会工作协会将重新审定其资格。公示结束后予以最终名单公布并上岗。

第十条　督导师在社会服务机构开展督导服务，具体工作时间和方式由浦东新区社会工作协会协同各社会服务机构根据实际需要统筹安排，保证有足够的时间和空间发挥督导功能，积累专业督导经验。原则上督导师应为所在的社会服务机构服务，如督导师被其他社会服务机构外聘，具体工作时间和方式则由外聘社会服务机构与外聘督导协商自行安排。同时，督导师原则上每月至少一次一对一、面对面或小组督导。

第四章　考核与管理

第十一条　浦东新区社会工作协会具体负责对督导人才的日常管理，建立督导人才信息库和档案，对督导人才的学习情况、出勤情况和督导情况进行系统管理与记录。

第十二条　浦东新区社会工作协会定期组织浦东新区社会工作协会督导专业委员会对助理督导师、初级督导师、中级督导师和高级督导师的督导情况进行跟踪评价。具体考核方式如下：

（一）过程评估。过程评估占总评估分数的40%，其中督导方案和督导月志所占权重分别为10%和30%。

（二）结果评估。结果评估占总评估分数的60%，其中所在机构负责人评估和督导对象评估各占30%。

第十三条　助理督导师、初级督导师、中级督导师和高级督导师每年须根据浦东新区社会工作要求接受一定学时的专业培训和继续教育，培训工作由浦东新区社会工作协会具体组织实施。

第十四条　助理督导师、初级督导师、中级督导师和高级督导师满足相应经验要求，经浦东新区社会工作协会督导专业委员会评审通过，可申请督导岗位晋级。助理督导师工作满2年，评估合格者有资格申请初级督导师；初级督导师工作满2年，评估合格者有资格申请中级督导师；中级督导师工作满 3 年，评估合格者有资格申请高级督导师。

第十五条　对参加培训无故缺席、未完成规定的全部课程、不按时完成规定作业的培养对象，取消其参加进一步培训的资格，并将情况通报培养对象所在机构。

第十六条　浦东新区社会工作协会督导专业委员会评价合格者继续留用，不合格者另行调整，连续两年不合格者淘汰，且三年内不得再次申请各类督导岗位。

第十七条　有下列情况之一的，可取消助理督导师、初级督导师、中级督导师和高级督导师资格。

1. 培养期间，机构年度考核不合格者；
2. 培养期间，因个人原因离开原机构者；
3. 培养期间，不在浦东新区从事社会服务工作者；
4. 在浦东新区社会工作协会督导专业委员会的年度评估中连续 2 年评估不合格者；
5. 遭到投诉，但抗诉原因不合理的；
6. 违反民政部颁布的《社会工作者职业道德指引》；
7. 其他违反法律、法规的行为。

第五章　激励政策

第十八条　建立浦东新区民政局、社会服务机构、培养对象共同承担培养费用的经费保障机制。上海市浦东新区民政局承担人才选拔与培养的费用，培养对象及所在机构承担培训的往返交通费等其他费用。

第十九条　助理督导师、初级督导师、中级督导师和高级督导师享受督导人才专项岗位补贴。社会工作督导服务试点初期，由各社会服务机构根据实际所聘督导人才向浦东新区社会工作协会申请岗位补贴费用。随着督导服务的逐步推广，督导人才专项岗位津贴将由各社会服务机构自行承担。

第二十条　浦东新区社会工作督导师一旦被浦东新区社会服务机构所录用，可由用人单位提出申请，政府列入公租房优先申请对象。

第二十一条　在社会服务领域推荐领军人才，以及进行人才争先创优时，优先选拔社会工作督导师。

第二十二条　社会服务领域向浦东新区政协及人大推荐候选人时，优先考虑具有参政议政能力的社会工作督导师。

第六章　附　则

第二十三条　浦东新区社会工作督导人才增补同样按照本办法选拔产生。

第二十四条　本方案由浦东新区社会工作协会督导专业委员会负责解释。

第二十五条　本方案自 2014 年 5 月 28 日起实施。

附件

附件 1　浦东新区社会工作督导人才候选人登记表

附件 2　浦东新区社会工作督导人才候选人机构推荐（自我推荐）表

附件 1　浦东新区社会工作督导人才候选人登记表

<table>
<tr><td>姓名</td><td></td><td>性别</td><td></td><td>年龄</td><td></td><td rowspan="5">照片</td></tr>
<tr><td>政治面貌</td><td></td><td colspan="3">从事专业社会工作年限</td><td></td></tr>
<tr><td>现任职务</td><td></td><td colspan="2">专业技术职称</td><td colspan="2"></td></tr>
<tr><td>就职单位</td><td colspan="5"></td></tr>
<tr><td>最高学历</td><td></td><td colspan="2">外语等级</td><td colspan="2"></td></tr>
<tr><td rowspan="2">联系方式</td><td colspan="2">手机：
办公室座机：</td><td>通信地址</td><td colspan="3"></td></tr>
<tr><td colspan="2">E-mail：</td><td>邮政编码</td><td colspan="3"></td></tr>
<tr><td>身份证号码</td><td colspan="6"></td></tr>
<tr><td rowspan="6">教育经历</td><td colspan="6">要求：从大专/大学开始(含已参加国内外培训经历)</td></tr>
<tr><td>开始时间</td><td>结束时间</td><td>学校(培训机构)</td><td>专业(培训课程)</td><td colspan="2">所获证书</td></tr>
<tr><td></td><td></td><td></td><td></td><td colspan="2"></td></tr>
<tr><td></td><td></td><td></td><td></td><td colspan="2"></td></tr>
<tr><td></td><td></td><td></td><td></td><td colspan="2"></td></tr>
<tr><td></td><td></td><td></td><td></td><td colspan="2"></td></tr>
<tr><td rowspan="4">工作经历</td><td colspan="6">要求：重点体现专业社会工作领域的经历</td></tr>
<tr><td>开始时间</td><td>结束时间</td><td>单位名称</td><td>担任职务</td><td colspan="2">离职原因</td></tr>
<tr><td></td><td></td><td></td><td></td><td colspan="2"></td></tr>
<tr><td colspan="6">主要工作职责(含服务领域和服务内容)</td></tr>
</table>

续 表

<table>
<tr><td rowspan="6">工作经历</td><td colspan="5">主要工作成就</td></tr>
<tr><td colspan="5"></td></tr>
<tr><td colspan="2"></td><td colspan="2"></td><td></td></tr>
<tr><td>开始时间</td><td>结束时间</td><td>单位名称</td><td>担任职务</td><td>离职原因</td></tr>
<tr><td></td><td></td><td></td><td></td><td></td></tr>
<tr><td colspan="5">主要工作职责（含服务领域和服务内容）</td></tr>
<tr><td rowspan="2">推荐机构意见</td><td colspan="5">推荐理由

机构意见　　同意　　不同意</td></tr>
<tr><td colspan="5">日期：</td></tr>
</table>

附件 2　浦东新区社会工作督导人才候选人机构推荐(自我推荐)评分表

<table>
<tr><td>机构名称</td><td colspan="4"></td><td>候选人姓名</td><td colspan="3"></td></tr>
<tr><td rowspan="2">项目</td><td rowspan="2">内　容</td><td colspan="5">描述与分数</td><td colspan="2">评分</td></tr>
<tr><td>5 分</td><td>4 分</td><td>3 分</td><td>2 分</td><td>1 分</td><td>机构负责人</td><td>候选人</td></tr>
<tr><td rowspan="8">工作表现</td><td>对专业和工作的投入</td><td>认同感非常强</td><td>认同感比较强</td><td>认同感一般</td><td>认同感较差</td><td>缺乏认同感</td><td></td><td></td></tr>
<tr><td>工作量饱满度(工作量饱满度＝岗位有效工作时间/平均正常工作日×%)</td><td>非常饱满：90%及以上</td><td>比较饱满：80%～90%(不包含 90%)</td><td>基本饱满：70%～80%(不包含 80%)</td><td>不太饱满：60%～70%(不包含 70%)</td><td>不饱满：60%以下</td><td></td><td></td></tr>
<tr><td>服务质量</td><td>工作突出，得到大家认可</td><td>工作比较突出，得到部分人员认可</td><td>工作水平一般</td><td>不稳定，时好时坏</td><td>工作散漫，无成效</td><td></td><td></td></tr>
<tr><td>领导才能</td><td>非常出色</td><td>比较出色</td><td>一般</td><td>不太出色</td><td>非常不出色</td><td></td><td></td></tr>
<tr><td>工作习惯</td><td>非常勤奋</td><td>比较勤奋</td><td>不紧不慢</td><td>比较消极怠工</td><td>完全消极怠工</td><td></td><td></td></tr>
<tr><td>工作配合度</td><td>非常积极主动</td><td>比较积极主动</td><td>一般</td><td>比较被动</td><td>非常被动</td><td></td><td></td></tr>
<tr><td>出勤情况</td><td>基本全勤</td><td>极少迟到</td><td>存在缺勤，但能提前告知</td><td>偶尔无故缺勤</td><td>经常无故缺勤</td><td></td><td></td></tr>
<tr><td>与资源提供方的协调能力</td><td>非常强</td><td>较强</td><td>一般</td><td>较差</td><td>非常弱</td><td></td><td></td></tr>
</table>

续 表

项目	内 容	描述与分数					评分	
		5分	4分	3分	2分	1分	机构负责人	候选人
人际关系	与同工的关系	非常受尊敬	比较受尊敬	相处融洽	不容易建立关系	难相处		
	与服务对象的关系	非常受尊敬	比较受尊敬	相处融洽	不容易建立关系	难相处		
	与上级的关系	沟通很顺畅	沟通比较顺畅	一般	偶尔关系紧张	时常关系僵持		
动力及态度	情绪稳度	非常沉稳	情绪稳定，能够较好控制	一般稳定	情绪偶尔不稳定	暴躁，情绪时常不稳定		
	工作积极性	非常积极	比较积极	一般	不太积极	非常不积极		
	创新及创意	优秀	良好	一般	较差	非常差		
专业技能	学习能力	非常迅速	比较迅速	一般	需经过较长时间吸收	吸收非常缓慢		
	组织及策划能力	非常强	比较强	一般	比较差	非常差		
	判断能力	非常敏锐且合理	判断比较合理	尚算可靠	多数不合理	完全不可靠		
	文字处理能力	非常强	比较强	基本通顺	难以理解	笨拙且含糊		
知识	专业知识储备	丰富且精通	比较丰富	尚可满足需求	某些方面欠缺	基本不足		
	理论知识的应用能力	能够根据实际情况，恰当选择理论模式并予以应用	能够结合实际情况，较好地选择理论模式并予以应用	尚可结合实际情况，选择理论模式并予以应用	较难结合实际情况，选择理论模式并予以应用	结合实际情况，选择理论模式并予以应用非常困难		
总分								

内容提要

督导是社会工作专业的一种高级服务方法，是社会工作专业发展到高级水平的一种象征，也是推动社会工作高级人才队伍建设的重要举措。上海市浦东新区社会工作协会在社会工作实践方面起步较早，在督导方面的探索更是成果颇丰。本书主要以浦东新区社会工作协会在督导方面的创新为例，按照选拔、培养、使用、激励、成效等内容进行编写，汇集了浦东新区社会工作协会大量的生动案例以及许多具有操作性的实施细则。本书兼顾了理论性与实践性、本土性与国际性，适合一线社会工作者、社工机构管理人员以及党和政府相关部门负责人等有志于社会工作服务和社会治理创新的人阅读。